临床研究医院建设的法律与伦理问题研究

Research on the Legal and Ethical Problems of the Construction of Clinical Research Hospital

葛章志 著

中国科学技术大学出版社

内容简介

本书为中央高校基本科研业务费创新团队培育基金项目"大健康环境下'医养科教'结合模式与实施路径"(WK2160000008)阶段性成果,内容主要包括:临床研究医院建设的法律规制,主要研究患者的权利及其保护、临床试验治疗行为的约束、相关责任分配等内容;临床研究医院建设的伦理规范,主要研究伦理规范构成、临床试验治疗的伦理介入正当性、伦理审查中的重点问题等内容。构建"底线—整体"思维,并对临床研究医院发展模式进行系统性变革,是解决科技风险、法律困境和伦理问题的根本性措施。本书适合从事临床研究的科研人员、临床诊疗的医护人员阅读。

图书在版编目(CIP)数据

临床研究医院建设的法律与伦理问题研究/葛章志著. —合肥:中国科学技术大学出版社,2022.12
ISBN 978-7-312-04830-2

Ⅰ. 临… Ⅱ. 葛… Ⅲ. ①医药卫生管理—法规—研究—中国 ②医学伦理学—研究 Ⅳ. ①D922.164 ②R-052

中国版本图书馆 CIP 数据核字(2022)第 236025 号

临床研究医院建设的法律与伦理问题研究
LINCHUANG YANJIU YIYUAN JIANSHE DE FALÜ YU LUNLI WENTI YANJIU

出版	中国科学技术大学出版社
	安徽省合肥市金寨路 96 号,230026
	http://press.ustc.edu.cn
	https://zgkxjsdxcbs.tmall.com
印刷	合肥华苑印刷包装有限公司
发行	中国科学技术大学出版社
开本	710 mm×1000 mm 1/16
印张	10.5
字数	203 千
版次	2022 年 12 月第 1 版
印次	2022 年 12 月第 1 次印刷
定价	50.00 元

前　言

　　一个国家医疗产品研发水平与其科学技术和社会经济发展水平密切相关。在过去的几十年里,得益于美国生物科技的快速发展,世界医疗产品创新的中心从欧洲转移到了美国,并形成良性循环,美国由此建立起来的一整套制度体系成为世界各国效仿的样板。医疗新产品的不断上市,自然推动着包括临床研究在内的各相关科学技术的快速发展;反过来,临床研究作为医疗产品研发的关键环节,其水平的提高,无疑在很大程度上推动着医疗产品研究水平的进步,并由此形成相应的高新技术产业。

　　临床研究是以疾病的诊断、治疗、预后、病因和预防为主要研究内容,以患者或健康志愿者为主要研究对象,以医疗服务机构为主要研究基地,由多学科人员共同参与组织实施的科学研究活动。临床研究与临床治疗有着紧密联系,并在现代科技大发展的背景下愈发显示出自身价值。在全球各个国家或地区,针对临床研究行为展开的各项激励与约束措施层出不穷,在促进医药科技发展的同时消弭其带来的负面影响,不断提高人类健康水平。

　　临床研究医院作为一个在西方发达国家已经使用了几十年的术语,本不是一个新奇事物,但在当今中国却被重新定义并赋予新的内涵。临床研究医院与我国现有的临床医学研究中心、临床研究基地、临床试验机构等临床研究载体不同,它是一种新型临床试验机构,集中体现为对有限临床试验资源进行合理分配,并形成以临床试验治疗和临床试验检验并重的业务架构。对于危重患者而言,临床研究医院可提供多元化的治疗方案,帮助其解决当下的治疗困境,有效满足其治疗需求。

　　我国对临床研究医院的重新定义和探索式建设是重大创新,但即便是统一的平台、多元的路径也不能保证其运营效率,临床研究医院在协调机会提供、放松监管、简化程序、风险控制、伦理遵守、治疗体验等方面仍存在巨大挑战。此外，从各主要区域、各大医院均努力争创国家临床医学研究中心的现实情况来看，临床研究医院建设需直面类似的竞争，而紧随制度创新的趋势、合理配置有限资源是获取竞争优势的关键。

笔者立足临床研究医院的医疗服务供给与患者需求匹配的视角，以提升临床研究医院发展能力、促进临床研究医院生态系统良好运行为目标，以解决临床研究医院建设的法律规制、伦理规范和管理创新三个典型问题为侧重点，在总结国内外临床研究医院建设的具体实践经验基础上，特编写本书。本书融合新时代临床研究的发展新模式、新做法，注重理论和实际结合，内容上突出科学性、系统性和实用性。

本书共分为5章，内容包括：临床研究医院建设的新实践；临床研究医院建设的法律规制；临床研究医院建设的伦理规范；临床研究医院管理内涵提升；临床研究医院生态系统建设。在本书成稿过程中，林紫怡、贡子然、王欣辰、孙悦、姜闯五位同学查找了大量资料，并做了大量的整理工作，在此表示感谢。

由于"全面的肤浅"和"片面的深刻"两者间的理解差异和自身研究水平所限，本书内容难免有疏漏之处，恳请各位专家、同仁、读者指正。

葛章志

2022年7月

目　　录

前言 ··· (ⅰ)

第1章　临床研究医院建设的新实践 ······················· (1)
1.1　临床研究医院的界定 ······································ (1)
1.1.1　从普通患者到危重患者 ······························· (1)
1.1.2　从传统医患关系到新型医患关系 ················· (3)
1.1.3　从常规性临床试验到拓展性临床试验 ············ (4)
1.1.4　从临床试验机构到临床研究医院 ················· (10)
1.2　临床研究医院建设的背景及意义 ······················ (11)
1.2.1　纵向国家战略布局 ···································· (11)
1.2.2　横向相对优势创造 ···································· (12)
1.2.3　本体发展模式转变 ···································· (12)
1.3　临床研究医院的实践雏形 ······························· (14)
1.3.1　特殊业务方面 ··· (14)
1.3.2　特定区域方面 ··· (17)
1.3.3　特设组织方面 ··· (18)
1.3.4　特设模块方面 ··· (19)
1.4　本章小结 ·· (20)

第2章　临床研究医院建设的法律规制 ··················· (22)
2.1　与临床研究相关的法律法规及政策 ··················· (22)
2.1.1　临床研究法律法规体系的形成与完善 ············ (22)
2.1.2　知情同意的法律规制 ·································· (24)
2.1.3　智能化临床研究的法律规制 ························ (25)
2.1.4　拓展性临床试验的相关政策 ························ (26)
2.1.5　处理利益冲突的相关政策 ··························· (27)
2.2　危重患者参与临床试验治疗的路径 ··················· (28)

  2.2.1 危重患者需求及其现实选择 ……………………………… (28)
  2.2.2 临床试验治疗路径供给 …………………………………… (29)
  2.2.3 临床试验治疗的不同程序 ………………………………… (30)
 2.3 临床研究的行为合规与损害救济 …………………………………… (32)
  2.3.1 患者的权利及其保护 ……………………………………… (32)
  2.3.2 临床研究行为的约束 ……………………………………… (36)
  2.3.3 临床研究的责任分配机制 ………………………………… (39)
 2.4 临床研究医院建设的法律风险及其防范 …………………………… (41)
  2.4.1 临床研究医院自身及其多元治疗路径是否合法 ………… (41)
  2.4.2 临床试验治疗是否改变了原有的医疗法律关系 ………… (42)
  2.4.3 临床研究医院能否有效平衡上市审评目的和治疗目的 … (43)
  2.4.4 临床研究医院进行临床研究治疗能否享有责任豁免 …… (44)
  2.4.5 医疗产品价格是否过高而排斥危重患者参与治疗 ……… (44)
  2.4.6 其他政策措施能否为危重患者提供更有效的解决方案 … (45)
 2.5 临床研究医院建设的法制突破 ……………………………………… (48)
  2.5.1 临床研究医院法律法规的突破需求 ……………………… (48)
  2.5.2 临床研究医院法律法规的转向 …………………………… (50)
  2.5.3 临床研究医院法制的政策难点及转向 …………………… (53)
 2.6 临床研究医院法制办公室建设 ……………………………………… (58)
  2.6.1 法制办公室的职责 ………………………………………… (58)
  2.6.2 法制办公室的功能 ………………………………………… (59)
  2.6.3 法制办公室的工作路径 …………………………………… (59)
 2.7 本章小结 ……………………………………………………………… (60)

第3章 临床研究医院建设的伦理规范 …………………………………… (61)

 3.1 临床研究医院建设中的基本伦理规范 ……………………………… (61)
  3.1.1 药物使用的伦理规范 ……………………………………… (61)
  3.1.2 与人体试验相关的伦理规范 ……………………………… (63)
  3.1.3 科研诚信的伦理规范 ……………………………………… (65)
 3.2 临床研究医院建设中的伦理问题及解决 …………………………… (67)
  3.2.1 诊疗阶段暴露伦理难题 …………………………………… (67)
  3.2.2 试验环节出现伦理缺位 …………………………………… (69)
  3.2.3 科研不端行为的涌现 ……………………………………… (71)
  3.2.4 新技术发展带来的试验伦理问题 ………………………… (75)

3.3 医学伦理委员会建设 …………………………………………（81）
    3.3.1 医学伦理委员会概述 ……………………………………（82）
    3.3.2 我国医学伦理委员会建设的缺陷与完善 …………………（84）
3.4 本章小结 …………………………………………………………（87）

第4章 临床研究医院管理内涵提升 ……………………………（88）
4.1 双重目标管理 ……………………………………………………（88）
    4.1.1 临床研究医院独立目标管理 ……………………………（88）
    4.1.2 纳入医院综合目标管理范畴 ……………………………（90）
4.2 多元要素管理 ……………………………………………………（93）
    4.2.1 人员管理 …………………………………………………（93）
    4.2.2 项目管理 …………………………………………………（100）
    4.2.3 数据管理 …………………………………………………（104）
    4.2.4 药物管理 …………………………………………………（108）
4.3 临床试验管理信息系统建设 ……………………………………（111）
    4.3.1 临床试验管理信息系统构成 ……………………………（111）
    4.3.2 临床试验管理信息系统的优势 …………………………（114）
    4.3.3 信息化建设面临的挑战 …………………………………（115）
    4.3.4 应对策略与办法 …………………………………………（117）
4.4 本章小结 …………………………………………………………（118）

第5章 临床研究医院生态系统建设 ……………………………（119）
5.1 构建以患者为中心的临床试验模式 ……………………………（119）
    5.1.1 以患者为中心的临床试验模式的发展背景 ……………（119）
    5.1.2 以患者为中心的临床试验模式的具体做法 ……………（121）
    5.1.3 以患者为中心的临床试验模式面临的挑战 ……………（122）
5.2 加强临床研究领域的战略合作 …………………………………（124）
    5.2.1 产学研医合作 ……………………………………………（124）
    5.2.2 拓展国际合作 ……………………………………………（125）
5.3 建立临床研究数据管理共享平台 ………………………………（126）
    5.3.1 促进临床研究源数据共享的现有经验和不足 …………（126）
    5.3.2 创建临床研究源数据平台 ………………………………（127）
    5.3.3 临床研究源数据平台设计细则 …………………………（129）
    5.3.4 临床研究源数据平台建设的具体要求 …………………（132）

5.4 落实多学科诊疗模式 …………………………………………… (133)
   5.4.1 多学科诊疗模式的概念和发展 ……………………… (133)
   5.4.2 多学科诊疗模式的必要性 …………………………… (134)
   5.4.3 多学科诊疗模式的意义 ……………………………… (134)
   5.4.4 落实多学科诊疗模式的具体措施 …………………… (135)
5.5 搭建临床研究医院生物样本共享机制 ………………………… (137)
   5.5.1 生物样本共享的概念和发展 ………………………… (137)
   5.5.2 生物样本共享的现有经验 …………………………… (137)
   5.5.3 典型生物样本库 ……………………………………… (138)
   5.5.4 搭建临床研究医院生物样本共享机制的要领 ……… (139)
5.6 构建临床研究网络体系 ………………………………………… (141)
   5.6.1 我国临床研究发展现状和问题分析 ………………… (141)
   5.6.2 国际临床研究的特点 ………………………………… (142)
   5.6.3 构建我国临床研究网络的建议 ……………………… (143)
5.7 本章小结 ………………………………………………………… (146)

参考文献 ………………………………………………………………… (148)

第1章 临床研究医院建设的新实践

公众对"临床研究"或"医院"均有一定的认知,但对两者组合在一起形成的"临床研究医院"可能会有陌生感,即使如此,也不影响认为其是一类医院主体的基本判断。临床研究医院与社会上存在的临床医学研究中心、临床研究基地、临床试验机构既有相似之处又有明显不同,从"中心"或"基地"上升为"医院"产生了主体功能定位上的显著差异,即"医院"之核心业务在于临床诊疗,故而临床研究医院是以临床诊疗为宗旨的医疗服务机构,而非指向临床研究本身。

1.1 临床研究医院的界定

临床研究医院的出现源自患者对缓解危重症和疑难症病痛的迫切需求以及医疗新产品和新技术的发展需要,是对现有临床研究机制的改革与更进。在服务对象方面,临床研究医院进一步收拢服务对象的范围,将重点落在危重患者上,为危重患者提供参与治疗的多元路径,因而它成为危重患者的重要福音。同时,临床研究与医院环境创设性的结合应用,形成了医疗行业创新发展的新模式。

1.1.1 从普通患者到危重患者

医院的建设总离不开对其服务对象——患者的考察。一般情况下,依患者类型的差异可对医院进行不同的划分。例如,儿童医院主要服务于儿童患者;胸科医院主要服务于胸科疾病和结核病患者;康复医院主要服务于损伤、急慢性疾病、老年功能性残疾和先天性发育障碍患者;等等。综合性医院和专科医院也是结合患者类型和医院收治范围(主治病种)两个标准来划分的。

患者的定义一般以"病人"为核心词,在日常用语乃至医药术语中,一般认为患者与病人同义,择一使用即可,混用也无大问题,很少有人系统考察两者不同的使用场景和使用方式,但也不排除业界学界对两者进行细化探索和精确区分,以更加严谨审慎的视角追求其科学规范的使用。2017年1月,中国科学院院士、武汉同济医院肝脏外科教授陈孝平在写给《中国实用外科杂志》第1期的建议信中,提议将医学出版物中的"患者"一词改为"病人"。

持有这一观点的陈孝平教授及其他20多位院士、专家对此展开了充分的论述:① 在学理上,英文中用以表示病人群体的词项有许多,但在正式的医学教材和文献中,往往只用"Patient"来表达"病人"之意。② 在历史源流上,我国早期词典和出版物中并无"患者"一词,20世纪30年代该词才出现并被广泛使用。③ 在应用范围上,可采用折中方案,只需在医学研究与教育领域统一规范"病人"一词即可,对日常用语不做强制性要求。

事实上,一个语词不仅与它的源流有关,也与现实使用惯性相连,从它诞生之始便在中国的现实语境中经受反复锤炼,通过人民群众的广泛使用,结合时代背景特点,生成一个更加和谐、稳定、规范、恰当的新意义。甚至于有的时候一个词语的意义还可能背离源头,既嵌入历史痕迹,又渗进现实诉求,这个时候没有必要再与源头比较。若真替换掉"患者"一词,可能会带来新的混乱和麻烦:① 将"患者"一词统一更改为"病人",就必须自建一套真正中国化的话语体系,而这种先破后立缺乏某种外部经济性;② 纠结于该词近现代可能从日本舶来,而在古代又可能从中国舶去,会陷入循环佐证困境,对观察该词本身的词义变化并无太大意义;③ 对于激进式替换,公众能不能适应和接受尚且存疑,而由此扩展,还有很多其他历史文献、学术著作都得推倒重来。因此,继续使用"患者"一词有其合理性。实践也对此作出了回应,《药物临床试验质量管理规范》(2020版)相较于《药物临床试验质量管理规范》(2003版)的一个细微变化就是在临床试验的定义中将"病人"改为"患者"。

危重患者的具体定义目前仍散见于国内外各种医学论著,且各有侧重:① 急诊收治视角下的危重患者,是指在原有(或没有)基础病的前提下,由于某一或某些急性原因,对生命或器官功能造成的短暂或较长期的紧急病理生理障碍,需要进行紧急和持续有效的气道管理、呼吸支持、循环支持、脑神经系统功能支持等生命支持手段的患者。② 临终关怀视角下的危重患者,是指罹患疾病、没有治愈希望且直接面临死亡威胁,生存时间为6个月或更短的患者。③ 寻医求生视角下的危重患者,是指已被诊断为严重或危及生命的疾病,且已用尽经批准的治疗方法未见效,但仍积极寻求潜在治疗方案的患者。

相较于急诊收治(突发)和临终关怀(病危)两个特殊状态,寻医求生更能反映危重患者的常态,也更为客观地刻画了危重患者的群体特征。普通患者和危重患者的区分标准在于患者所患疾病对其生命危及程度以及该疾病可控程度。普通患者通过现有医疗产品和医疗技术可基本实现治愈,或者能有效控制病情恶化;而危重患者的生命体征往往极不稳定,病情变化快,两个以上的器官系统功能不稳定、减退或衰竭,病情继续发展可能会危及患者生命。两者在具体治疗方式上也存在重大差异:普通患者只需接受常规临床医疗,因而可以根据自身情况选择各级别、各区域、各有专长的常规诊疗医院;危重患者需要接受特殊诊疗,并需符合相应的条件和程序要求,以及风险控制和安全保障要求。但现实情况是,危重患者仍主要在常规诊疗机构里寻求治疗。总之,相对于普通患者,危重患者在医疗产品的可得性和治疗方式的适用性上均受限。

1.1.2 从传统医患关系到新型医患关系

医患关系是诊疗过程中医务人员与患者之间形成的最基本的特定的人际关系。医患关系有广义和狭义之分:狭义的医患关系主要是指介入医疗活动的医务人员与患者及其亲属间的关系;广义的医患关系将整个概念框架进一步延伸并扩大到以医疗一线临床医务人员为主组成的医护服务群体(医生一方)和以患者为中心组成的群体(患者一方),涵盖双方当事人在长期共同参与医疗活动过程中建立的所有交互关系。医史学家亨利·欧内斯特·西格里斯(Henry Ernest Sigerist)对医疗的实质作出了高度总结,并指出每一个医疗活动都有医生和患者这两种主体的参与,更深入地讲,包括医疗组织与社会两类主体间多方面的相互作用。反映在广阔的现实语境中,随着现代医疗技术和体系的发展,"医生一方"的范围从过去单纯的医院所有执业医务人员群体逐渐扩展到所有参与医疗活动与服务事业的各类服务机构和医务人员;"患者一方"则已由过去单一的求医者身份逐渐扩大到与之相对应的每一种社会关系。

医患关系与人类医学、医学职业活动相伴而生,作为一种社会关系,它受到社会经济发展水平、科技文化水平、思想道德水平和价值观念等因素的影响,在各个历史阶段表现出不同的特征,发展出不同的类型。古代的医患关系是较为直接和亲密的,患者对医生抱以高度信赖,以医生为权威,将生命与健康托付给医生;医生对医疗知识的掌握较为广泛,可对患者进行全面的诊疗,对患者负责。近代以来,医学分科日趋细化,医生也由全科全职转向专科专职,医患关系逐渐分离。一位患者往往需要多个医学部门、多位医务人员共同配合负责,各个医学部门将患者的某一疾病从整体中分离出来进行孤立地研究。与古时相比,医患关系从医生与患者之间的直接亲密关系变成了医术与疾病之间的关系。现代以来,受到生物医学模式的影响,一些医务人员过分注重医疗技术而忽略了医疗活动中的非技术影响,加重了医患关系的物化。医患之间的矛盾逐渐凸显,患者或主动或被动地向医生输送利益,"红包""开单提成"等问题带来了极大的社会不良影响,医患纠纷引发的恶性事件时常出现在热搜话题榜上,逐渐导致社会对双方群体的偏见固化。

现代美国心理学家萨斯和何伦德曾深入分析过医患关系,将其分为了三类:主动被动型、引导合作型和共同参与型。① 在主动被动型关系中,医生处于主动地位,具有绝对的权威性,患者毫无疑问地服从医生的一切安排。② 在引导合作型关系中,医生依旧处在权威地位,专业周全地安排诊治计划,对患者提出要求,但患者也具有一定的主动性,在寻求医生帮助和指导的过程中可以提出自己的疑惑并得到解释,与医生共同合作完成医疗过程。③ 在共同参与型关系中,医生与患者地位平等,双方作为合作者对治疗的具体实施进行协商和确认。医生以患者的病情和即时体验为基础设计诊疗方案,涵盖非技术性的关怀手段,并根据患者的反馈不断完善诊疗计划;患者则需要在完成诊疗程序之余,根据治疗过程中的体验和感知提出建议,帮助医生更好地制订治疗计划,以此调动医患双方的积极性,有利于解决矛盾、实现治疗目的。

在临床治疗和研究中,医患双方建立起良好的沟通渠道、共同参与诊疗过程,对达成临床应急治疗和医疗新产品临床试验检验目的有着重要意义。在医疗过程中,医生与患者是利益共同体,而非单纯的消费关系,医生与患者目标同一,平等地共同参与医疗过程。一方面,医生需要就其专业知识谨慎对患者的病情作出判断,给出专业建议,并及时掌握患者的状态,通过与患者沟通和协商不断完善诊疗方案,对患者的疑虑进行解答等。另一方面,患者的知情权应当被充分满足,患者有权利知晓并选择治疗方案、治疗药物;同时,患者也有义务配合治疗,如实告知病情,按要求完成治疗计划,积极反馈治疗感受等。除此之外,医生与患者在情感上亦是牵连的。医患关系最初体现为一种人际关系,表现为医者和患者之间的默契和信任,在古代,良心、良知和良能成为驱使医生为患者尽心治疗的内在动力。直至今日,传统的医德思想中的"仁心、仁爱和仁慈"仍然是现代医患道德体系构建的重要思想源泉,临床研究与治疗呼吁提高医务人员的医德素养,重视医疗过程中对患者的人文关怀。

从传统医学到现代医学,医患关系经历了从以医生为主导到医患双方共同主动参与医疗过程的关系转变,医患双方成为"合作伙伴",在诊疗过程中互相提供建议,促进研究进程和治疗过程的顺利进行,双方交互地位的平等性和双方角色的主动性成为新型医患关系的核心。

1.1.3 从常规性临床试验到拓展性临床试验

临床试验是指以人体(患者或健康受试者)为对象的试验,意在发现或验证某种试验药物的临床医学、药理学以及其他药效学作用、不良反应,或者试验药物的吸收、分布、代谢和排泄,以确定药物的疗效与安全性。鉴于未经充分验证的医疗新产品和新技术可能造成严重危害,为验证其疗效与安全性,须勠力获取可靠的信息,临床试验由此产生。公元前600年左右,古巴比伦国王尼布甲尼撒二世进行的吃蔬菜和吃宫廷营养饮食的结果对照试验,被认为是人类有记录的最早的临床试验。而在我国古代,神农氏尝百草,以己身为试验对象来辨明药草的性质和效用,称得上是临床试验的雏形。经过长期的发展,临床试验设计与实施已有系统、规范的要求(见表1.1),多阶段临床试验格局已经建立并不断完善。

表1.1 药物临床试验的分期及其基本要求

试验区分	目的	例(对)数(一般情况)	受试者	盲法选择
Ⅰ期	观测对受试者的安全性、毒性和药代动力学,确定最大耐受剂量,为制订给药方案提供依据	20~30例	健康志愿者	双盲
Ⅱ期	对新药的有效性和安全性作出初步评价,并为设计Ⅲ期临床试验和确定给药剂量方案提供依据	≥100例	药物的适应证人群	优先双盲其次单盲
Ⅲ期	治疗作用的确证阶段,确定不同患者人群的剂量方案,观测较不常见或迟发的不良反应	≥300例	药物的适应证人群	优先双盲其次单盲
Ⅳ期	上市后的研究,考察药品的疗效和罕见的不良反应;评价受益-风险比;改进给药剂量;发现新的适应证	≥2000例	药物的适应证人群	开放
随机对照临床试验	通过与国内已上市的同类药物进行疗效和安全性的比较,以进一步验证所研药物在中国人群内的有效性和安全性	≥100对	药物的适应证人群	优先双盲其次单盲
生物等效性试验	比较同一种药物的相同或不同剂型的制剂在相同试验条件下,在人体内吸收程度和速度的差异	18~24例	一般为健康男性志愿者,必要时可选择女性患者	开放

随着疾病的演化和医学发展,人们对于药物可及性的需求越来越高。对于患有罕见病或处于疾病终末期的患者而言,当市面上现存的所有治疗药物和诊疗方

案无法有效缓解他们的病况时,参与临床试验可能会成为他们获取"寄予最后希望"的新药物和新治疗手段的重要途径。然而,现实中却存在着各种可能情况,阻碍患者参与临床试验。例如,对于终末期患者而言,其参与临床试验的很大障碍是身体状况极其不稳定,很难满足入选的指标要求;又或是患者担心分配不到试验组而犹豫、观望等。

在此背景下,为了有效打消危重患者的顾虑、降低危重患者参与治疗的门槛,以满足其急迫的治疗需求,进一步扩大试验用药物的可及性,拓展性临床试验开始出现并形成相关制度。美国食品药品监督管理局(U.S. Food and Drug Administration,FDA)将拓展性临床试验界定为"患有紧急危及生命的病症或严重病症的患者在无任何可替代治疗方法以供使用的情况下,获取试验用药物以进行常规临床试验之外治疗的一种措施",该制度在美国的建立和完善大致经历了三个阶段(见图1.1)。

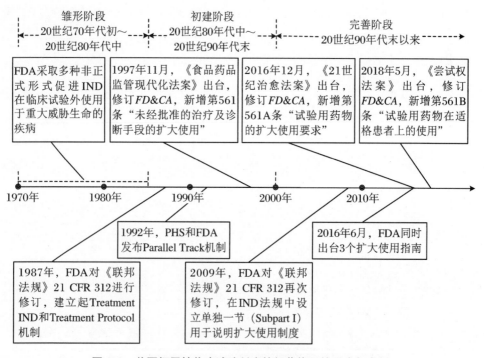

图1.1 美国拓展性临床试验制度的规范体系的形成与发展

自20世纪70年代以来,美国之外的不少国家也陆续建立了拓展性临床试验及其衍生制度,只是其名称与发展在各个国家有所不同,比如:美国对药物的拓展使用集中体现为"同情用药制度"(Compassionate Use,CU),又称"拓展性使用"(Expanded Access,EA);欧盟相关的制度包括"命名患者用药计划"(Named

Patient Program，NPP)和"同情用药计划"(Compassionate Use Program，CUP)；英国则设有"药品早期可及计划"(Early Access to Medicines Scheme，EAMS)；在法国、加拿大和澳大利亚的表现形式则分别为"药品临时使用授权"(Temporary Authorization for Use，TAU)"特别准入程序"(Special Access Program，SAP)"特别准入计划"(Special Access Scheme，SAS)等。相较于其他已获批上市的药物，试验用药物未获得上市审批，在临床使用的合法性和较全面的安全性上都未得到有效证实，若大面积推广应用显然有失妥当，因此确定其适用范围是各国在制定拓展性临床试验制度之初的首要任务。在已经建设拓展性临床试验相关制度的国家中，有许多患者提交参与申请，展现出对拓展性临床试验有较高的信赖，以期能够通过这一渠道抓住新的生机。从全球范围来看，拓展性临床试验已成为危重患者参与治疗的新途径，发挥着推动医疗制度改革和进步的积极作用。

2018年5月30日，时任美国总统特朗普签署《尝试权法案》(*Right to Try Act*)，允许已用尽美国FDA许可疗法的危重患者尝试试验药物，只要这些药物经临床试验通过初步安全检测，显示不具毒性或威胁生命即可。尝试用药制度在美国初步建立，因其赋予危重患者更充分的自决权，并削减了公共部门对药物的审评监管流程，进而被认为是对已有拓展性临床试验制度的重大变革。《尝试权法案》的出台，是继《食品药品监管现代化法案》《21世纪治愈法案》之后，对《联邦食品药品和化妆品法案》(*U. S. Federal Food，Drug and Cosmetic Act，FD&CA*)的重要修订，在 *FD&CA* 新增第561B条"试验用药物在适格患者上的使用。"

虽然《尝试权法案》直接产生于扩大使用制度，但从发展阶段看，仍处于扩大使用制度的完善阶段。诚如美国参议院的声明指出，它并不设立新的权利或修改现有的权利，或以其他方式建立任何团体或个人的积极权利，也不设立任何新的命令、指令或附加性规定，更不会也不能实现目前尚不存在的治愈或有效治疗，它只是在限定情况下，扩大患者的个人自由和代理范围，并与FDA现有的拓展性临床试验政策相一致，并将其作为一种替代途径。因此，《尝试权法案》和扩大使用制度在目的上是一致的，其相关规定是对扩大使用制度的进一步补充和优化，在目的一致的情况下，寻求更为便捷、高效的替代路径。《尝试权法案》在生效前也经历了很多曲折(见图1.2)，且被多次修订以反映患者、倡导者、工业界、FDA官员以及其他人员对原始议案的意见。需特别指出，当时的特朗普总统对该法案的通过起了重要推动作用，在2018年1月~5月曾3次敦促国会尽快通过该法案。

《尝试权法案》立法上的过程说明了该法案一开始就充满争议，即便在法案通过之后也是社会关注的焦点。关于《尝试权法案》是否能公正、有效地平衡个人、企业和社会的利益,各利益主体认识不一。从赞成者和反对者两方对立的视角看,争议的焦点集中于《尝试权法案》是否充分保障患者利益、能否有效引导药企行为、应否适当兼顾社会利益三个方面(见表1.2)。

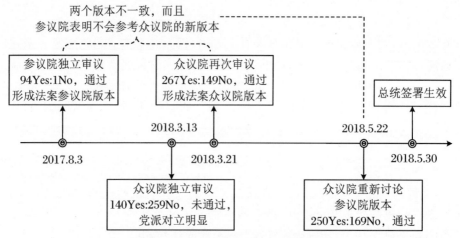

图1.2　《尝试权法案》审议和签署历程

表1.2　尝试权法案赞成者和反对者的争议

争议的焦点	赞成者意见	反对者意见
《尝试权法案》是否充分保障患者利益	赋予危重患者使用潜在救命药物的权利,接受IND治疗有一线生存希望	只有极少部分患者可能获得再生机会,多数患者是饮鸩止渴;消减FDA监管或将患者置于危险境地,试药甚至加重病情
	设置了严格的患者条件	危重患者若认定不严,很容易使新法案异化而走向对一般患者的治疗,也会引发医生等专业人士职业操守建设的新问题
	设置了相应的IND条件	通过Ⅰ期临床试验的IND即允许使用,患者获得的保障太低;药品虽然无毒但可能有害,破坏患者安全性标准不会增加患者获得挽救生命的治疗机会
	经FDA批准的通过Ⅰ期临床试验IND的安全性在世界范围内得到认可	相对可靠不代表绝对可靠,通过FDA第一阶段试验的药品中只有13.8%能最终获批上市

续表

争议的焦点	赞成者意见	反对者意见
《尝试权法案》能否有效引导药企行为	药企选择提供或是不提供IND均可,且一般情况下都享有责任免除	药企可找很多借口拒绝患者提出的尝试用药请求,原因在于法案没有要求药企必须要给申请尝试使用的患者提供新药
	在传统业务外,药企可通过满足尝试用药患者的需求而开辟增收新渠道	这可能会给药企的正常经营带来额外的负担,当他们没有足够的药物提供给所有患者时,可能会采用抽签制度来决定哪些患者可以使用
	没有限制药企收费,给予其较大的自由空间	当没有医疗保险能覆盖这些试验性治疗时,获取IND的成本显然只有富人才能负担得起,给患者带来的并不是"第二次生命的机会",而是"虚假的希望"
	在久病乱投医心理驱使下会有人主动要求使用在研药物,且倾其所有做最后一搏也在情理之中,药企虽不能主动推广但其市场常在	缺少专家为复杂的疗效/风险平衡把关,也没有FDA作为裁判,很难形成一个规范市场
《尝试权法案》应否适当兼顾社会利益	IND应急治疗和IND发展上市难以协调于同一法案,尝试权法案采取重前者轻后者,与临床试验轻前者重后者同理	尝试权法案对于尊重患者自决权具备正当性,但忽视对社会利益的考虑,而同情使用制度在两者平衡上就表现得很好
	将社会利益保护作为隐含前提而非目标,在不减损其利益的情况下增开危重患者尝试使用IND的路径	危重患者更倾向于进入流程更为宽松的尝试使用IND治疗,避免接受常规临床试验的空白对照,可能减少用于上市目的的IND入组数量,难以发掘产品的真正疗效和安全性,导致IND上市进程变缓,实质上导致社会效益的下降
	特殊情况下也可导致FDA对该IND以上市为目的的临床试验作出负面判断	除两个特殊情况外,一般不会

1.1.4 从临床试验机构到临床研究医院

临床试验机构是指具备相应条件,遵从临床试验质量管理规范和临床试验相关技术指导原则,开展临床试验的机构。从全球范围看,临床试验机构源于对医疗机构、医学研究机构、医药高等学校等主体相应资质和能力的认可,是开展医疗新产品安全性和有效性研究的重要载体;进行临床试验的医疗产品最初仅限于药品,后逐步延伸至医疗器械和医疗技术。我国临床试验机构主要依托医疗机构进行资格认定,经过30多年的发展已取得了长足的进步。截至2022年3月31日,全国共有1103家药物临床试验机构、1014家医疗器械临床试验机构完成备案,其中837家机构同时具备药物和医疗器械临床试验机构的资质,近95%的临床试验机构本身已是三级医院。

临床试验机构建设的最终目的在于系统性检验医疗新产品的可靠性,为医疗产品创新、产业竞争力提升和公众健康提供支撑,具体价值追求可归结为两点:一是为医疗新产品的审批上市提供有关安全性和有效性的充分依据,让广大患者从相对成熟的创新产品中获益,可称之为创新普惠价值;二是有条件提供尚处于研究中的未上市的医疗新产品,回应危重患者非常规临床治疗的需求,可称之为应急治疗价值。从前述临床试验的历史沿革也可发现,其经历了由常规临床试验发展至拓展性临床试验的过程,即在满足医疗新产品上市研究目的外不断开辟治疗目的,双元价值追求逐步明晰并成为其基本目标指引。

创新普惠价值要求临床试验机构更多考虑不特定的多数患者的利益,而应急治疗价值要求其更多考虑少数危重患者的利益。讨论两种价值追求孰轻孰重、孰先孰后没有必要,关键在于如何实现相对均衡,这就需要对有限的临床试验资源进行合理的分配。"临床研究医院"这一概念便是用来描述立足于或平行于医疗产品临床试验检验而开展危重患者临床试验治疗的临床试验机构,毕竟"医院"之称谓须侧重于诊疗。故而,临床研究医院并不是具有临床试验机构资质的医院的简称,也不同于常规诊疗医院,更不同于当下学界、业界聚焦的研究型医院、转化型医院。

基于此,可对临床研究医院作如下界定:在常规临床试验外,为应对小比例危重患者的特殊诊疗需求,经由严格规范的程序对疾病加以干预的一种新型临床试验机构。可见,临床研究医院为支持新医疗产品或技术等可征集少量患者开展临床试验治疗,是融基础研究、临床试验和医疗服务为一体的重要平台,是医疗产品从实验室走向市场前小规模的、经受科学检验的重要机遇窗口。对于危重患者而言,临床研究医院将依托现有的临床试验平台重构专门的诊疗场所、诊疗方式和诊疗程序,改变其当下仍在常规医疗机构里寻求治疗的现状。

1.2 临床研究医院建设的背景及意义

物质经济高速发展的同时,优质的医疗健康服务也已成为大众所期盼的一项社会保障性项目。为回应民众的期待,我国相关部门出台了相应的政策和指南,为临床研究医院的建设提供支持,以进一步保障国民的健康。同时,建设临床研究医院是进一步缩小国内外医疗水平差距的勇敢尝试,并通过创新实现国内诊疗优势,促进医疗改革服务美好生活。

1.2.1 纵向国家战略布局

从纵向上看,临床研究医院建设是实施健康中国战略的探路先锋,是深化医疗体制改革的内在要求。2015年10月,党的十八届五中全会明确提出推进健康中国建设,将健康中国建设上升为国家战略。2016年8月,在全国卫生与健康大会上,习近平总书记再次强调:"没有全民健康,就没有全面小康""树立大卫生、大健康的观念,把以治病为中心转变为以人民健康为中心""将健康融入所有政策,人民共建共享"。2016年10月,《"健康中国2030"规划纲要》发布,作为建设健康中国的行动纲领,它标志着健康中国建设的顶层设计基本形成。2017年10月,党的十九大报告明确提出了"实施健康中国战略",强调"人民健康是民族昌盛和国家富强的重要标志",健康开始融入各领域、各方面的工作。在2018年的政府工作报告中,推进健康中国战略被纳入提高保障和改善民生水平的重点工作。根据十三届全国人大一次会议批准的《国务院机构改革方案》,新组建的国家卫生健康委员会从组织架构上改变了过去重治疗、轻预防的功能定位,更加明确卫生工作是手段、国民健康是目的,更加强调行政主管部门在预防控制疾病、维护促进国民健康中的重要作用,并组建国家医疗保障局和国家药品监督管理局。

国民健康是社会进步、经济发展和民族兴旺的重要保障,也是民族昌盛和国家富强的重要标志,《中华人民共和国宪法》规定:维护全体公民的健康,提高各族人民的健康水平,是社会主义建设的重要任务之一。《"健康中国2030"规划纲要》明确提出要"完善医疗卫生服务体系、创新医疗卫生服务供给模式、提升医疗服务水平和质量",以实现"提供优质高效的医疗服务"的目标。为此,"省级及以上分区域统筹配置,整合推进区域医疗资源共享,基本实现优质医疗卫生资源配置均衡化,省域内人人享有均质化的危急重症、疑难病症诊疗和专科医疗服务"。可见,在人民健康的重要性越来越突出的背景下,让患者病有所医是基本要求,即便是危重患者也应为其提供均质化的医疗服务。《"十三五"深化医药卫生体制改革规划》指出,"调动三级公立医院参与分级诊疗的积极性和主动性,引导三级公立医院收治疑难复杂和危急重症患者,逐步下转常见病、多发病和疾病稳定期、恢复期患者"。可见,城市大医院以提高疑难危重复杂病例的诊疗水平为主攻方向,并转变诊疗服务模式已是必然趋势,集中优势资源建设临床研究医院以回应危重患者的治疗需求,是落实分级诊疗的重要方向,更是实现健康中国战略目标的有力支撑。

1.2.2 横向相对优势创造

从横向上看,临床研究医院建设是缩减国内外医疗差别的重要举措,也是在医院同行中取得竞争优势的关键所在。当前,在人口老龄化现象加剧和落实"大卫生、大健康"改革创新的背景下,我国医疗健康产业处于需求旺盛并持续增长的阶段,为人民群众提供全方位、全周期健康服务的任务艰巨,尤其是提供符合中国国情、价格普惠合理、基层买得起、老百姓用得起的医疗服务和产品仍存在较大的挑战,建立可持续的医疗保障制度急需构建医教研产融合创新体系。据不完全统计,我国当前高端医疗装备进口率超过90%,自主替代率不足10%;高端医用材料、医疗试剂、创新药物等严重依赖进口,且价格高昂、供给渠道受限,造成我国医疗费用居高不下,每年超过60万人去国外求医问药,公民对健康新需求和目前医疗服务供给不平衡不充分间的矛盾日益凸显。

建立人民满意与经济实惠的医疗保障制度,急需国产化医疗装备、新药和医用材料等,并保证高质量供给,加快形成创新产品的完整链条,以临床研究医院的综合平台促进各类医疗创新资源的汇聚和集成,率先实现国内诊治。此外,从各主要区域、各大医院均在努力争创国家临床医学研究中心以进一步促进自身发展的情况来看,临床研究医院建设必定面临一定的竞争,医疗机构、医学研究机构、医药高等学校等主体通过优先布局临床研究医院建设,改进医疗科技创新与转化应用的薄弱环节,向危重患者提供新型治疗方式,从而形成竞争优势。以差异化业务赢得竞争优势和社会影响力,也可引导现有医院评价体系的变革。

1.2.3 本体发展模式转变

从本体上看,临床研究医院建设是医院自身发展模式转变的需要,是新医疗需求呼唤医院传统诊疗活动变革的必经之路。临床研究医院既是一种诊疗方式的变革,也是一种医院管理的理论创新,更是一种医院发展模式的创新,它需要医院在组织、管理、服务等各方面的配套改革与跟进。当前我国正处于经济、社会转型期，随着工业化、城镇化、人口老龄化进程加快，疾病谱、生态环境、生活方式不断变化，我国面临多重疾病威胁并存、多种健康影响因素交织的复杂局面，促发和衍生疾病的可能性迅速增加，心脑血管疾病、恶性肿瘤、慢性呼吸系统疾病等疾病负担加重，艾滋病、病毒性肝炎和结核病等传染病威胁仍不容忽视，新发突发传染病和严重精神障碍等疾病对经济发展和社会稳定造成巨大影响，医疗资源瓶颈问题日益突出。同时，伴随生活水平的提高，人们对健康的渴望更加强烈，通过加强运动锻炼使得身心素质进一步提升，加之科学技术的进步和对生命健康的重视，一些疑难杂症被重新审视。这对传统的疾病预防、诊断、治疗等医疗活动带来了较大冲击，也形成了新的医疗需求。尤其在我国医疗资源总体不足且分布不均的背景下，分散的需求被集中和放大，严重影响整体诊疗水平和质量，也影响病患对医院诊疗行为的认可度和满意度。面对一些危重急症和疑难病症，在常规诊疗的基础上，尚需开辟临床试验治疗并加强医学研究，既满足个体差异化医疗需求，又体现医院人本主义关怀，以医院和医护人员的实际行动，为解决人民日益增长的美好生活需要和不平衡不充分的发展之间的矛盾添砖加瓦。

2019年10月，北京市卫生健康委员会、北京市科学技术委员会、北京市人力资源和社会保障局、北京市药品监督管理局、北京市中医管理局以及中关村科技园区管理委员联合印发《北京市关于加强研究型病房建设的意见》（以下简称为《意见》），以全面提升临床研究对医药健康协同创新的支持作用，推动北京市卫生健康工作向更高水平发展。《意见》明确，到2022年北京将建成若干研究型病房，使其成为医务人员开展新技术、新方法、新药品和新器械创新研究的策源地和试验田，发展成为"国内领先、国际一流"的临床研究基地。2020年7月17日，北京市卫生健康委员会公示了首批北京市示范性研究型病房建设单位；2021年11月22日，公示了第二、三批研究型病房示范建设单位。目前北京市研究型病房示范建设单位累计达30家。总之，"健康中国2030"国家战略的深入实施和大数据、人工智能等新一代信息技术的广泛应用，推动着健康医疗用户需求由"以治病为中心"加速向"以健康为中心"转变，服务供给由"以医院为中心"加速向"以个体为中心"转变，行业竞争态势由"资源竞争"加速向"创新竞争"转变，资源投放由"优化配置"加速向"提质增效"转变。大健康产业发展正实现从量变到质变的飞跃，高质量、特殊性的医疗供需匹配已可实现。

1.3 临床研究医院的实践雏形

在临床研究医院建设方面做得较好、有参考价值的主要有美国国立卫生研究院(National Institutes of Health,NIH)、得克萨斯大学 MD 安德森癌症中心(The University of Texas MD Anderson Cancer Center,UT MDA)、海南博鳌乐城国际医疗旅游先行区(International Medical Tourism Pioneer Zone,IMTPZ)、中国科学技术大学附属第一医院(The First Affiliated Hospital of USTC,FAH)。

1.3.1 特殊业务方面

1. 美国国立卫生研究院

NIH 虽然没有临床研究医院的称谓,但在治疗危重患者、提供差异化和优质的医疗服务方面有着长期的实践,位于马里兰州总部的"临床中心"和遍布全美的"临床与转化研究中心"是其开展治疗与科研活动的主要载体。NIH 两大最重要布局的具体情况如下:

一是位于总部的临床中心(Clinical Center,CC):它是一所专门从事临床研究的医院,也是美国最大的临床研究医院,主要协助和支持 NIH 各部门进行临床研究。它以"实验室—床边"(Bench-Bedside)为基础对医院进行了特别规划与结构安排,大幅度缩短患者治疗单元与实验室的距离,方便集中开展患者治疗与科研,加强临床研究人员之间的互动与合作。临床中心拥有世界范围内首屈一指的设备与环境,能够对患者进行有效的隔离诊疗,控制疾病感染,在与埃博拉病毒作斗争时展现出了它的优势与力量。NIH 承担着医院和研究中心的双重角色,可在医院环境下进行临床研究,患者/受试者在这里成为试验对象,能获取试验药品用以治疗,也能享受到绝佳的医院医护服务。NIH 亦是出色的转化医学平台,在这里有经验丰富的研究团队协同合作,运用世界顶尖的设备对疑难疾病进行临床基础研究,通过将新药和诊疗新技术投入临床试验,检测其有效性和无毒性,最终确认是否可以对外适用。临床中心开展的医学相关科研工作具体可分为五类:临床研究、临床试验、病史研究、筛选研究、培训研究等。临床中心有 240 张住院病床、1 间手术室、82 间日间病房(提供重症监护服务和实验室)和 1 个急救研究部门,并提供 1600 余间实验室进行基础与临床研究和一系列医学影像服务。临床中心的患者往往是从美国各州转诊而来的,患者在 NIH 的医疗费用均被免除,所有疾病的检查、医治及随访都严格按照既定的流程进行,以排除程序上的遗漏和额外的干扰,使得医生和患者能够通过完整的诊疗过程得到全面且细致的诊断和治疗资料信息。在治疗过程中,临床中心会收集病人的病理样本开展进一步研究,参与研究的科研队伍一般由一个临床教授领头,组员可达数人至数十人。

二是通过支持临床与转化科学奖励计划,积极推动生物医学研究、加快药物研发、促进交流合作、培育杰出的临床与转化研究人员,并成立临床与科研成果转化奖励委员会,以每年 2~5 亿美元的资助力度发展临床与转化研究中心(National Centre for Advancing Translational Research,NCATS),鼓励临床创新研究。截至 2014 年,该计划已投入了 32 亿美元,在美国 31 个州和特区建立了 61 个临床与转化研究中心。奖励计划为美国转化医学奠定了基础,并建立了临床与转化研究协作的网络平台。NCATS 通过临床前创新部(DPI)推动转化过程的早期阶段,通过临床创新部(DCI)支持临床和转化研究,开发部署有效的治疗方法所需的专业知识、工具和培训。NCATS 解决了罕见疾病、转化技术、战略联盟等新兴领域交叉项目中共同的科学和组织障碍,助力更快速、更有效地实施干预措施,显著改善人类健康。NCATS 在转化科学中引入创新和协作的方法,促进了政府、学术界、产业界和非营利组织之间的合作。

2. 得克萨斯大学 MD 安德森癌症中心

UT MDA 隶属于得克萨斯大学健康科学中心,是全美规模最大的癌症中心,也是 1971 年美国"国家癌症行动"项目中首批确定的 3 个综合癌症治疗中心之一。它既是一个授予学位的学术机构,也是癌症治疗和研究中心。UT MDA 专注于癌症的起因、治疗和预防的研究,其使命是"创造癌症历史"。该中心主要专注于以下五方面研究:基础与实验研究、治疗与预后评估、癌症预防、癌症应对与生存质量管理和治疗方法创新。在 UT MDA,实验室的基础研究会迅速转移至临床研究阶段。目前 UT MDA 每年投入超过 4 亿美元进行医疗基础研究,同时拥有全美范围内数量最多的国家肿瘤研究所(NCI)资助的研究项目,包括脑瘤、卵巢癌、乳腺癌等诸多优势项目。作为世界上最大的肿瘤药物临床试验基地,有众多肿瘤药物是经 UT MDA 临床试验后投入市场的,因此能够在 UT MDA 进行治疗意味着患者有机会先于外界患者数年用上最新、最先进的在临床试验阶段的癌症药品。在 2017 财年,约 10800 名患者参与了探索新治疗方法的临床治疗研究。除了在《美国新闻与世界报道》关于癌症护理方面的评议中排名第一外,UT MDA 在获得国家癌症研究所的拨款数量上亦是第一位,并在 2018 财年获得超过 8.628 亿美元的投资进行研究。UT MDA 持续发展,它目前拥有 680 多张住院床位、多栋研究大楼和门诊大楼、两栋教员办公大楼、一个病人家庭酒店以及其他用于临床研究的场外设施。UT MDA 同时也在积极实现其作为世界医疗交流平台的职能,多年来一直为各国肿瘤医生提供研究和探讨先进技术的机会,世界各大医院有数量众多的医生曾参与 UT MDA 的培训与交流。

3. 美国梅奥诊所

美国梅奥诊所(Mayo Clinic,MC)虽被称为"诊所",但却是全美规模较大的综合性医院之一,是全球医疗领域当之无愧的医疗体系品牌,如被认为是全美最佳医院、全球医学诊断的最终"裁判"等。MC 主要由分布在明尼苏达州的罗切斯特、佛罗里达州的杰克逊维尔、亚利桑那州的斯科茨代尔和菲尼克斯四家医院组成。临床实践、医学教育和医学研究三者的结合是 MC 成功的推动力,MC 的徽标——三个盾牌就分别代表这三者。MC 的特色和优势在于:非营利性、最先进的诊疗技术、最前沿的研究、拥有所有专科领域的经验医生、患者至上的医疗理念、一站式医疗服务、开创了无数先例、全球范围内的影响力等。MC 每年在研究上的花费超过 6.6 亿美元,有 3000 多名全职研究人员。诊所吸引了来自世界各地的患者,进行了全美最多的移植手术,包括实体器官移植和血液移植。梅奥诊所提供专业化、标准化的医疗服务和治疗方案,接收的很大一部分病人是从中西部和美国北部的小型诊所和医院转诊过来的。2018 年,来自世界各地的 120 多万名患者在 MC 的一个就诊单位接受治疗。梅奥诊所的研究人员在疾病的基础研究、最佳临床实践方面和将实验室研究转变为临床实践投入颇多,作出了杰出的贡献。2018 年,机构审查委员会批准了其 3067 项新的人类研究,以及 12760 项正在进行的人类研究。MC 一直致力于拓展中国病患市场,为应对中国就诊者数量的几何上升趋势,2014 年 5 月 MC 与中国最大的出国看病咨询服务机构盛诺公司宣布签订合同,共同开创了我国病患的出境就诊绿色通道。同时,还积极建设 MC 中文网站,为中国患者带来了更多的中文资料。

4. 高博昌平国际研究型医院

高博昌平国际研究型医院地处北京自由贸易区,是国内首个研究型国际医疗产业转化平台暨国际研究型医院,2022 年已通过竣工验收,预计 2023 年正式投入运营。高博昌平国际研究型医院的建立是昌平区为促进医疗卫生事业高质量发展的一个重大措施,被列为北京市"3 个 100"的重点建设工程计划。其定位为符合国际标准、以临床研究为核心业务、具备承接全球多中心临床试验能力的独立研究型医院。区别于传统医疗机构,高博昌平国际研究型医院将"研究"与"临床"两项功能结合,提供以全球最前沿的癌症与脑科学研究为中心的专业服务,与美国梅奥诊所、耶鲁大学临床科研中心等顶尖医疗机构和学院共同进行世界多中心的医学科研协作,未来将引入与全球顶级技术体系相衔接的先进临床医学技术研发结构、服务体系和人才培训机制。平台的服务体系涵盖药品研究的临床应用与技术推广服务中心、医学研究专家级科学家的创新与研发服务中心、医学研究与产业转移平台、疑难重症治疗服务中心等,预计稳定运营后每年可承接400~600项临床试验课题,加快100个以上新药上市,将有效弥补中关村生命科学研究园区的产业链短板,并建立"研发—试验—转化—上市"的整个价值链循环体系,缩短药品研发上市时间1~2年,将有效突破我国医疗健康产业普遍存在的临床研发周期长、研究投入大、成果全球互认水平较低的问题,有效提升医学成果孵育推广水平。

1.3.2 特定区域方面

IMTPZ享有国家特殊政策,如特许医疗、特许研究、特许经营、特许国际交流等,区内的博鳌超级医院、博鳌国际医院等医疗机构可以优先引进和使用国外药物、设备、耗材、新技术等,促进国际医疗创新产品和先进医疗技术的应用转化,许多对药品和医疗器械有特殊需求的患者可以在这里得到有效的治疗,而无需远赴海外。

IMTPZ是国务院2013年2月28日批准设立的国家唯一的国际医疗旅游产业园区。国务院《关于同意设立海南博鳌乐城国际医疗旅游先行区的批复》(国函〔2013〕33号),赋予其包括加快医疗器械和药品进口注册审批、临床应用与研究的医疗技术准入、大型医用设备的审批、放宽境外医师的执业时间、允许境外资本创办医疗机构、适当降低部分医疗器械和药品进口关税等九项优惠政策,业内称之为"国九条"。其目标是通过体制改革创新释放发展动力,使其步入国际一流行列,成为满足世界各国医疗旅游消费者、求诊者需求的优选目的地,并作为一个世界级平台为国内外医疗的互相联通与合作提供广泛支持与服务,为我国医疗旅游发展探路。2018年4月2日,《国务院关于在海南博鳌乐城国际医疗旅游先行区暂停实施〈医疗器械监督管理条例〉有关规定的决定》(国发〔2018〕10号),决定在先行区暂停实施《医疗器械监督管理条例》第十一条第二款的规定,对先行区内医疗机构临床急需且在我国尚无同品种产品获准注册的医疗器械,由海南省人民政府实施进口批准,在指定医疗机构使用。2018年4月4日,《海南省人民政府关于印发〈海南博鳌乐城国际医疗旅游先行区临床急需进口医疗器械管理暂行规定〉的通知》(琼府〔2018〕30号),明确先行区临床急需进口医疗器械的范围、办理程序、使用规定及有关职责。2019年9月16日,国家发展和改革委员会、国家卫生健康委员会、国家中医药管理局、国家药品监督管理局四部委联合发布《关于支持建设博鳌乐城国际医疗旅游先行区的实施方案》,先行区迎来了新的历史机遇。在先行区内已发展的项目,如"超级医院"等已开始收治危重患者,探索提供差异化、优质化、满意化的医疗服务实践。

1.3.3 特设组织方面

2017年底,中国科学技术大学附属第一医院首次明确提出临床试验医院的概念,并将其建设纳入医院总体发展规划。2018年9月,"临床试验医院"一词首次出现于北京市人民政府办公厅印发的《北京市加快医药健康协同创新行动计划(2018—2020年)》这一规范性文件中,并提出"采取医疗机构、高等学校、科研院所、企业共建模式,引入国际化运营管理团队,试点建设独立的临床试验医院"。2019年10月,中国科学院临床研究医院(合肥)在中国科学技术大学附属第一医院揭牌,开启了医学基础研究、临床试验和医疗服务为一体的临床研究医院建设,旨在大力促进新药、高端医疗器材、先进诊疗技术的创新发展,以满足国家重大需求,依托各类优惠政策、结合各方经验打造更为成熟的临床试验和转化基地,支持和推进中国科学院系统开展各类临床研究,助力"科大新医学"发展。

2017年12月23日,安徽省立医院挂牌成为中国科学技术大学附属第一医院(简称中国科大附一院),中国科学技术大学生命科学与医学部同时挂牌成立。中国科学技术大学在"新医学"的发展征程中迈出重要步伐,与此同时临床研究医院这一概念也被首次提出并被纳入中国科大附一院的发展规划中。中国科大附一院是一所设备先进、专科齐全、技术力量雄厚,集医疗、教学、科研、预防、保健、康复、急救为一体的省级大型三级甲等综合性医院。该医院现开放床位5450张,编制床位2200张,设有61个临床医技科室,拥有15个学科专业的国家药物临床试验机构,获批国家卫计委第二批干细胞临床研究机构备案,是国家发改委牵头建设的安徽省首批国家基因检测技术应用示范中心,具备开展临床试验研究的各种资质。中国科大依托中国科大附一院建立临床研究医院试点,旨在以临床研究医院建设为载体,大力促进新药创新、医疗器械、高端医用材料研发,创新诊疗方法和相关技术,发展具有自主知识产权的高端临床医疗器械,引领临床医疗工程器械技术创新,满足国家高端医疗设备自主创新重大需求,促进智能制造和医疗装备产业升级。

同时,依托生命科学与医学部创建中国科学院临床医学中心,整合中国科学院在生命科学、医学、药学、生物医学工程等领域的创新力量和集中优势,组织实施战略先导专项,推动形成医教研产融合的创新链条。中国科学院临床医学中心将成为科学院在临床领域最重要的战略布局,形成研究型医院(中国科大附一院)和临床医学中心一体化发展的架构,成为科学院"基础研究—应用开发—转移转化"的新增长点。同时,创新平台有助于促进安徽省现代医疗和医药战略性新兴产业发展,让广大人民群众充分享受更多医疗和医药产业创新成果,为建设美好安徽作出积极贡献。

NIH 是独立设置的研发机构，并不挂靠任何大型综合性医院。而 IMTPZ 是在特定的区域给予审批和准入方面优惠政策，引导和促进各类医疗机构的创新发展。中国科大附一院则是在现有的架构内，开展临床研究医院建设试点，打造独具特色的临床试验治疗平台，其顺利实施和推广必将产生更广泛、更深远的示范意义（见表1.3）。它比重新设立新型医疗研究机构更容易实现，中国也不可能仅依靠一个海南特例迅速实现更大范围的医疗改革和开放。中国人口众多，医疗需求巨大且呈现多样化和层次化，加上医疗资源有限且分布不均，常规临床诊疗外尚需异质化的临床试验治疗，搭建临床研究医院平台可有效满足处于"死亡边缘"或"衰竭期"患者的治疗需求。

表 1.3　临床研究医院建设的典型实践对比

医院属性	美国国立卫生研究院	海南博鳌超级医院	中国科大附一院
历史积累	一家专门从事临床研究的医院；美国最大的临床研究医院	成立不久的混合所有制综合性医院	2017年底首次明确提出临床试验医院的概念；当前正在建设临床研究医院
整体布局	总部临床中心和位于全国各地的临床与转化研究中心	一家共享医院和多家临床医疗中心	研究型医院与临床医学研究中心一体化发展
治疗模式	Bench-Bedside 模式：专注于患者的治疗和研究，具有五种工作类型：临床研究、临床试验、病史研究、筛查研究、培训研究	以临床应用为导向，以医疗架构为主体，以协同网络为支撑	医疗新产品、医疗新技术的临床试验治疗
主要特点	接收转诊的患者；免费诊断和治疗；保证最好的试验治疗和最好的医疗保健服务；强调临床研究人员之间的过程融合和协作	临床研究；协同创新；学术交流；人员培训；成果转化；推广应用	推动新药、医疗器械、高端医用材料的发展；创新诊疗方法；形成"基础研究—应用开发—转移转化"链条

1.3.4　特设模块方面

近年来，随着我国医疗科技的不断发展，研究型病房作为发展临床研究的首要试点模块，越来越受到各界专家和政府的关注。在研究型病房，医务人员可以对药品与医疗器械的临床使用、生物医学创新技术的临床科研应用进行科学研究。

2019年10月,北京市卫生健康委员会等六部门联合发布文件,明确提出加强研究型病房建设,在三年左右的时间内创建一批研究型病房,涵盖国家重点临床疾病研究区域,为药企发展与临床研究创造较为良好的营商平台,也有利于进一步减少药企临床试验环节。2021年7月印发的《北京市加快医药健康协同创新行动计划(2021—2023年)》中,亦提出要在临床方面,建成20个左右"国内领先、国际一流"的研究型病房,建设1~2家具有国际一流水准的研究型医院,推动北京临床研究能力和效率显著提升。2020年,北京市健康委员会发布了首批北京市研究型病房示范建设单位名单,包括中国医学科学院北京协和医院、北京大学第三医院、首都医科大学附属北京天坛医院等10家医院。研究型病房的依托医院首先要明确研究型病房的床位规模,病床一般不少于30张,床位数一般控制在依托医院现有编制床位数的10%左右。

从研究型病房的特殊功能定位出发,其建设重点为扩大规模格局、完善技术支持服务体系、强化团队建设和促进研发成果转化等四大方面。一是在具备药品和医用仪器临床试验资质的医院,择优率先开展研究型病房建设等。二是研究型病房可不列入全院人均住院日、床位周转次数统计等,并构建全市统一规范的医院临床科研管理与服务平台,逐步形成医院之间和一定区域范围内的伦理评审结果互认制度,在受试者招募条件设置和组织上形成协作联盟;建立研究型病房的专属样品库,并引入商业保险机制分摊风险,协商创设临床研究责任险等。三是加强与国内顶尖研发单位和医疗卫生单位的协作,组建多中心、多领域顶级人员构成的高层次临床研发创新队伍,落实临床研发工作责任机制和定期脱产研究机制,建设一批临床研发能力提升机构,打通专职人员职业成长渠道等。四是多渠道支持引导研究型医院与高等学校、科研机构、民营企业等协同进行医药先进技术联合攻关和医疗保健技术的研究;对于符合条件和程序规定的诊疗服务,医疗机构可依法实施新增的诊疗服务费用,并按照科学、合理、费用可承担的要求,引导并支持医院采用新药品、新医疗器械及有关新技术。

1.4 本章小结

临床研究医院的建设是为了更好满足大众医疗的需要,在总结传统医院和临床试验的实践经验上,创设性地将研究与治疗相结合,在现有医疗条件下有限度地拓展临床试验治疗,强调医患双方的共同参与,充分发挥各方价值,加快研究进程,促进新药品和新技术创新。从特设研究型病房到医院特设临床研究组织,再到区域特别许可和最终全面的临床研究医院设计,我国在逐步探索中一步步总结经验,有序推进临床研究发展。发展临床研究医院,同时要强化医疗产业转化功能,积极与世界优秀医疗教育、服务机构交流合作,缩小国内外医疗水平差距;依托国家战略布局,合理利用政府支持,有效整合各方资源,打造独特的优势项目,推动医疗行业创新变革发展。

第 2 章　临床研究医院建设的法律规制

与临床研究医院相关的法律法规在我国经历了较长时间的演变,已逐步形成了较为完善的法律法规体系。本章探讨临床研究医院建设的法律规制相关问题,旨在探讨如何更好地保障患者的权利,明晰申办者、研究者、监管者在临床研究中的职责,规制临床研究的各环节,规避临床研究医院相关法律风险,为进一步优化相关法律法规提供参考。

2.1　与临床研究相关的法律法规及政策

临床研究相关法律法规较为多样,有针对临床研究全过程的法律法规,也有针对某一方面的法律法规,近年来都有较大的进展与突破,相关政策也在逐步落实推进、丰富完善中。

2.1.1　临床研究法律法规体系的形成与完善

1963 年原卫生部、化工部、商业部颁布实行的《关于药品管理的若干规定》,是我国第一部涉及临床研究的法律规定。1978 年,国务院颁布《药政管理条例》,进一步完善了我国新药和临床研究审评制度的审评程序标准和具体指导办法。此后又颁布了一系列关于药品管理的法律法规,药品管理规定更加系统、规范、严格。

为力求在我国实施的药物临床研究活动更加严谨科学,保护我国受试者权益,从临床研究全过程入手,规范药物的临床研究程序,原国家食品药品监督管理局(CFDA)于 2003 年出台了《药物临床试验质量管理规范》(GCP),2010 年 11 月发布实施了《药物临床试验伦理审查工作指导原则》,2020 年对 GCP 进行了修订。临床研究涉及人体,复杂且风险高,研究人员在研究过程中面临着质量和风险控制等多项挑战,需要政府严格监管。我国临床研究的系列法律法规形成过程如表 2.1 所示。

表 2.1 临床研究相关法律法规

法律法规	颁布部门	颁布年份
《关于药政管理的若干规定》	原卫生部、化工部、商业部	1963
《药政管理条例》	国务院	1978
《新药管理办法》	原卫生部	1979
《中华人民共和国药品管理法》	全国人民代表大会	1984
《新药审批办法》	原卫生部	1985
《关于新药审批管理若干补充规定》	原卫生部	1988
《关于药品审批管理若干问题的通知》	原卫生部	1992
《医疗机构管理条例》	国务院	1994
《药品临床试验管理规范(试行)》	原卫生部	1998
《药品临床试验管理规范》	原国家药品监督管理局	1999
《医疗器械监督管理条例》	国务院	2000
《中华人民共和国药品管理法(修订)》	全国人民代表大会常务委员会	2001
《中华人民共和国药品管理法实施条例》	国务院	2002
《药物临床试验质量管理规范》(GCP)	原国家食品药品监督管理局	2003
《药品注册管理办法》	原国家食品药品监督管理局	2007
《药物临床试验伦理审查工作指导原则》	原国家食品药品监督管理局	2010
《医疗卫生机构开展临床研究项目管理办法》	原国家卫生和计划生育委员会、原国家食品药品监督管理总局、国家中医药管理局	2014
《干细胞临床研究管理办法(试行)》	原国家卫生和计划生育委员会	2015
《医疗器械临床试验质量管理规范》	原国家食品药品监督管理总局	2016
《涉及人的生物医学研究伦理审查办法》	原国家卫生和计划生育委员会	2016
《接受药品境外临床试验数据的技术指导原则》	国家药品监督管理局	2018
《关于调整药物临床试验审评审批程序的公告》	国家药品监督管理局	2018
《生物医学新技术临床应用管理条例(征求意见稿)》	国家卫生健康委员会	2019

续表

法律法规	颁布部门	颁布年份
《体细胞治疗临床研究和转化应用管理办法（试行）（征求意见稿）》	国家卫生健康委员会办公厅	2019
《中华人民共和国人类遗传资源管理条例》	国务院	2019
《基本医疗卫生与健康促进法》	全国人民代表大会常务委员会	2020
《药物临床试验质量管理规范》（新版GCP）	国家药品监督管理局、国家卫生健康委员会	2020
《医疗卫生机构开展研究者发起的临床研究管理办法（试行）》	国家卫生健康委员会	2021

2.1.2 知情同意的法律规制

开展临床试验除需事先申请并获得有关部门的正式批准外，另一个重要步骤是征得患者本人或者其家属的同意，通常由患者本人签署同意书。

《中华人民共和国民法典》侵权责任编规定，医务人员在进行实际医学诊疗及相关活动中，要向患者说明医疗措施、医疗风险、替代医疗方案等，并同时取得患者明确同意，不能或者不宜向患者说明的，应当向患者的近亲属说明，并取得其明确同意。因特别紧急、特殊突发情况等一时无法明确地征得患者或患者近亲属同意的，经医疗机构负责人或者授权的负责人批准，可实施相应的紧急医疗措施。虽然该法不是医疗领域的法律，但作为我国最高立法机关审议通过的法律，相关规定体现了我国对患者知情同意权的重视。

《中华人民共和国医师法》第二十五条规定，医师在诊疗活动中应当向患者说明病情、医疗措施和其他需要告知的事项。需要实施手术、特殊检查、特殊治疗的，医师应当及时向患者具体说明医疗风险、替代医疗方案等情况，并取得其明确同意；不能或者不宜向患者说明的，应当向患者的近亲属说明，并取得其明确同意。

知情同意必须有签署姓名并注明日期的知情同意书（ICF）。ICF是证明每个受试者均愿意亲身参与研究试验的书面证据。研究者还必须进一步向受试者解释研究活动的基本性质、研究行为的具体目的、可能发生的特殊益处和潜在风险、受试者可选的治疗研究方法以及其他在《世界医学协会赫尔辛基宣言》框架下享有的主要权利和相关义务，使所有受试者能够充分地理解并表达同意。ICF是告知内容的主要载体，是伦理委员会批准研究项目的重点审查材料和评审依据。

与 2003 年版 GCP 内容相比,2020 年版 GCP 侧重于知情同意的具体措施,强调与"人用药品注册技术要求国际协调会议"ICH-GCP 规范的基本内容原则保持相对一致,以问题需求为导向,在内容细节上更具实用性。其在保护受试者权益方面具有独特作用,主要体现在以下几个突出特点:

① 要求告知内容详细。2020 年版 GCP 中所规定的二十项知情同意书基本要素,已覆盖到了全部的告知内容。它以可能面临的各种风险和期望收益为核心告知内涵,在当前中国大众健康教育水平普遍相对较低、医患之间潜在的基础医学知识水平不对等的情况下,研究者有义务向所有受试者如实告知诊疗方法进展等更详细的项目背景知识和项目整体信息。它是保障医学受试者在医学临床研究中的知情权和自我决定权的前提和基础。

② 对告知的人员和签署主体的要求更为具体。2020 年版 GCP 中明确规定了"三个人"原则,即本人、监护人和公正见证人。受试者本人书面的签字意见,在一切情况下都是最有效的也是最关键的;监护人能够完全替代受试者成为签名人身份的情形十分有限,即使签名人为限制行为能力的人(如儿童)时,也应以受试者自己的意见为准;公正见证人则只被限定在受试者或其监护人无法正常阅读时,阅读 ICF 文件等相关书面文字材料,见证知情同意,没有签字权。

③ 明确要求记录知情同意过程。2020 年版 GCP 明确规定,受试者知情同意的确切日期和人员应当记载于病历中,但 ICH-GCP 标准和我国过去所有有关知情同意的法律文本或政策指导文本中,并没有规定过这一要求。这一变化反映了我国对当前临床研究实际开展情况的洞察。知情同意过程通常容易流于形式,对特定的研究人员和工作时限的规定,既是通过法规对科研人员进行有效提醒规范与约束,又是《涉及个人的生物医学工作伦理审查方法》中的"知情同意原则"重要规定的体现。

2.1.3 智能化临床研究的法律规制

2020 年 4 月 26 日,随着新版 GCP 标准正式出台,我国在智能化临床研究领域发展的制度僵局基本被打破。和旧版 GCP 比较,新版 GCP 在某些或许多关键方面都颇有提高,尤其是在信息化方面。一是新版 GCP 对使用电子文档的建议,临床研究机构所采用的电子信息系统可以满足创建临床电子病历要求时,研究人员应优先使用电子病历。二是在监查方面,新版 GCP 规定,监查范围和性质可以更加灵活地变通,可以分别采用多种不同的监查方法,提高监查实施的组织效率和监督效果。

2020年5月6日,我国国家药品监督管理局药品审评中心(CDE)发布了《新冠肺炎疫情期间药物临床试验管理指导原则(征求意见稿)》,提出了电子知情同意、远程检测和DTP技术,对行业发展有着重大的政策借鉴作用。该指导原则还提出,如果传统方法受到疫情干扰,或者存在其他困难,可以通过远程的虚拟临床试验模式,通过智能临床试验系统制订试验方案,并选定研究机构和研究人员等,如患者招募、获取电子同意书、患者登记通过后获得患者ID、受试者通过物流方式获得医疗器械。指导原则特别提出,可以采取临时替代的方式,如减少或推迟监查和访视、延长监查和访视间隔、开展通话与视频访视、实行中央与远距离监查。这对于促进我国未来医疗智能化以及远程临床试验系统的开发应用,有着非常重大长远的技术指导意义。

2.1.4 拓展性临床试验的相关政策

2017年由中共中央办公厅、国务院办公厅印发的《关于深化审评审批制度改革鼓励药品医疗器械创新的意见》,首次提出"同情用药",明确"支持拓展性使用",这标志着"同情用药"制度在我国的建立。2017年印发的《拓展性同情使用临床试验用药物管理办法(征求意见稿)》(以下简称为《管理办法(征求意见稿)》)制定了"同情用药"实施办法,对"同情用药"的具体适用条件和审批程序进行了概括性规范,对我国拓展性临床试验的适用情形、申办以及审批流程等作出了详尽规范。2019年底,新修订的《中华人民共和国药品管理法》颁布实施,第二十三条明文规定患者可以在进行临床试验的机构接受治疗,进一步确立了"同情用药"机制的法律地位。该法对拓展性使用药品开展临床研究的范围与流程进行了一般规范,首次从法律角度确立了我国拓展性临床试验制度,但在配套措施颁布前,该体系的操作性还不足。

2020年3月,国家药品监督管理局会同国家卫生健康委员会出台的《医疗器械拓展性临床试验管理规定(试行)》,对医疗器械拓展性临床试验的质量管理和风险管理、成本管理、流程控制等方面作出了更具体的规定,被视为国家规范拓展性临床试验制度的初步实践。

我国"同情用药"尽管起步晚,但是我国重视与充分肯定"同情用药"的社会价值,其原因是:其一,"同情用药"可挽救病人生命,保障病人健康权益。2020年施行的《中华人民共和国基本医疗卫生与健康促进法》重视公民的健康权益,强调身体健康是人的基础权利。"同情用药"是顺应民意的真实反映,能够满足病人对新药物疗法的急切需求,挽救病人生命,保障患者身体健康,符合以人为本的价值观。其二,"同情用药"可以在一定程度上增加医药的可及性。病人根本无法在已有医药科学研究与临床试验中获得合理治疗时,在相关法律制度规定下"同情用药"为临床患者急切的药物需求提供了研究性药物治疗。其三,"同情用药"可充分发挥伦理与医学的作用。"同情用药"可以采用还未上市的或者已有数据可证实其效用和安全的治疗药品,但必须经过伦理委员会评估和监测,从而使得患者治疗的风险远低于患者疾病的危险性。

2.1.5 处理利益冲突的相关政策

在许多临床医学研究领域中,研究人员经常面临各种经济利益分配矛盾,而解决各种利益分配矛盾的问题是非常复杂艰难的事。它需要研究者个人、研究机构、医学组织、学术组织以及政府有关部门发挥它们各自独特的优势,并密切合作以共同解决这些利益冲突。

在美国,处理临床研究者的利益冲突一般有三种具体解决措施:信息披露、监管和禁止。美国大学联盟(AAU)建议,对于研究者的经济权益的冲突应:必须全部公开;大部分都需要严格加以监管;为有效保障研究活动参加者自身的健康权益以及研究报告内容的公允客观性,在必要时也应严格禁止。

1. 披露

研究者必须及时主动向有关方面明确披露他们在研究项目中得到的经济利益。披露并不代表政府必然会严格禁止这些经济利益。隐藏的经济利益被暴露出来后,人们也会因此客观中立地评估研究人员的利益。

披露信息的对象通常分为两类:一类是直接受其影响的特定对象,如研究的对象、对研究结果感兴趣的期刊;另一类是可以协助更好地高效地解决利益冲突的人或有关组织,比如美国利益冲突委员会和机构审查委员会(IRB)等。

研究者通常很难充分评估出自己的经济利益问题是否会造成巨大冲突,并且仅仅向有关对象直接透露经济利益常常会造成他们不自觉的无谓的过分忧虑,并最终给研究患者本人带来额外巨大的压力。为此,研究者必须向利益冲突委员会和 IRB 报告有关资料,由他们决定是否存在利益冲突,是否需要向受试者披露,或者采取监管和禁止等行为。

2. 监管

必须公平谨慎地监管研究者自身的经济权益,监管包括:要求向受试者、研究机构团队披露经济利益;要求研究者将股份转让在一定时间内未经委员会批准不得操作经营;限制研究者在临床研究中的参与度,比如他们不得直接参与受试患者的招募、提供受试患者知情同意的资料、进行数据的分析研究等;指定没有利益关系的人组织监督相关研究。

3. 禁止

研究机构中的利益冲突委员会或其他审查者认为研究者的经济利益活动对临床研究工作有着重大程度的直接影响,而又不能进行有效地管理或者控制时,他们会作出禁止研究者参与临床研究项目的决定。在这种特殊情况下,研究者要么主动放弃获取这些重大经济利益,断绝这些特殊的经济联系,要么就放弃研究。

2.2 危重患者参与临床试验治疗的路径

危重患者由于自身情况不同,参与临床研究治疗的路径也不同。临床研究不同的路径具有不同的供给模式,也有不同的程序要求。梳理危重患者参与临床研究的路径,有助于进一步针对危重患者的需求,完善危重患者参与临床研究的程序。

2.2.1 危重患者需求及其现实选择

危重患者参与疾病治疗的意愿和能力构成了危重患者的需求。首先,危重患者的一些生命体征往往极其不稳定,病情快速持续发展可能会危及生命,这决定了他们对治疗需求的紧迫性和采取行动的主动性。其次,危重患者的需求直接建立在能够治愈或有效控制疾病的良好期望之上,因此目的很简单。最后,危重患者的认知能力、风险承受能力和经济条件不同,治疗途径的选择存在差异。危重患者的生存机会很大程度上取决于最先进的医疗产品和医疗技术的开发和应用,所以他们的需求是可诱导的,意识超前或超危重状态的病人最先接受治疗并成功的案例可以激励其他患者的参与。

一般情况下,普通患者可根据自身情况选择不同层次、不同地区、不同专科的医院通过上市医疗产品进行常规诊疗,达到治愈疾病或有效控制病情恶化的目的。危重患者需要更及时、更有希望的治疗。危重患者若未得到上市药物有效治疗,可入组临床研究,接受非上市药物治疗。在特殊情况下,危重患者通过使用市售药品或入组已开展的临床研究不能得到满意治疗的,或者已入组的临床研究已达到初步治愈效果,在试验结束后,他们可以申请在临床研究之外使用未经上市许可的试验用医疗产品。由于通常不用于上市,多数情况下是由申办者或医师向药品相关监管部门提出,故称为"同情使用"。危重患者有生命危险,经药品主管部门批准的治疗方法已用尽,又无法参加相关临床研究以寻求生存机会时,试验用医疗产品成熟度要求和其他监管要求可以进一步放宽。2018年5月底美国通过的《尝试权法案》首次确认了这一点,称为"尝试使用"。

"尝试使用"和"同情使用"的基本目的相同,旨在寻找常规临床研究之外的替代治疗途径,两者均为拓展性路径。一般来说,常规临床试验治疗和拓展性临床试验治疗是相互独立、相辅相成的。目前,世界范围内危重患者参与治疗的途径多种多样,但危重患者的实际选择路径仍存在不足:① 并非所有国家或地区能够提供上述路径,危重患者的现实选择受到严重限制或只能通过跨域来实现。例如,世界各国普遍有常规的临床试验治疗,少数国家建立了拓展性临床试验治疗,但仅限于同情使用治疗,尚未开展或实施尝试使用治疗。当危重患者用尽国内疗法后,在条件允许的情况下,只能出国接受更先进的医疗产品或技术治疗。② 即使在同一国家或地区,上述路径通常不在同一机构内实施或分别由不同主体实施导致了额外的时间和机会成本。③ 分散式而非集中式的路径安排不利于不同路径的衔接,跨路径衔接有排除危重患者参与的可能。

2.2.2　临床试验治疗路径供给

基于临床研究医院的定义,临床研究医院的核心业务为临床试验治疗。临床试验治疗包括常规临床试验治疗和拓展性临床试验治疗。未经批准的处于临床研究阶段的药品、医疗器械、医疗技术等,在符合相关条件和程序后,可用于危重患者(见表2.2)。审慎的风险收益评估、充分的患者保护、严格的风险控制和尽可能免费的治疗是临床研究医院相关治疗活动的共同特点和要求。美国通过《尝试权法案》后,率先实现了三种临床试验途径;其他国家和地区普遍有常规的临床试验治疗,少数国家和地区推出了拓展性临床试验治疗,但仅针对同情使用治疗,尚未推出尝试使用治疗。

临床研究医院重点将试验性医疗产品与危重患者进行匹配,除临床试验治疗的核心业务外,还有一些衍生业务,如普通临床研究(涉及志愿者的医学研究)、病史研究(人类生物学和疾病进展研究)、筛选研究(确定一个人是否适合特定候选人)、病历数据研究(发现特定人群中特定疾病的发展等)、国际医疗合作(国内外专家会诊、联合治疗和转诊合作)。核心业务与衍生业务相辅相成,共同为危重患者提供更好的医疗保障。

表 2.2　重要的临床试验治疗路径及其程序要求

对比项	常规临床试验治疗	拓展性临床试验治疗	
		同情使用	尝试使用
目的	上市性兼顾治疗性	治疗性兼顾上市性	治疗性
患者数量要求	Ⅰ期,20~30例 Ⅱ期,≥100例 Ⅲ期,≥300例 Ⅳ期,≥2000例	单个患者,1例 中等数量患者,≤100例 大规模患者,根据试验方案	无固定试验方案, 一般1人1议
费用解决	申办者付费	申办者付费,超出 时间外收费	协商解决
程序自由度	严格遵守试验方案	部分可调整	可调整
参与可能性	Ⅱ、Ⅲ期,50%参与对照 Ⅰ、Ⅳ期,100%参与治疗	100%	100%
患者补偿	有	一般有,例外无	无
申办者责任	强	中	弱
医疗机构审查	伦理委员会审核	伦理委员会审核	伦理委员会审核
公共部门监管	事前事中事后强监管	事前事中强监管	事后弱监管
文件提交	事前事中事后强要求	事前事中强要求, 事后中要求	事中强要求, 事前事后弱要求
数据利用	作为上市审查的 核心资料	可作为上市审查的 支持性资料	一般不得使用相关临床结果以延迟或不利地影响其上市审查

2.2.3　临床试验治疗的不同程序

常规临床试验治疗必须按照既定的临床试验程序进行,Ⅰ、Ⅱ、Ⅲ、Ⅳ期临床试验大多设计对照试验方案,以评价医疗器械或医疗技术的安全性和有效性。尽管危重患者被分配到治疗组(而不是对照组或安慰剂组)的可能性有50%,但参与临床试验仍然是一种治疗途径。经过多年的发展,临床试验的各个阶段已经形成了比较完整的流程。以现阶段我国药品临床试验为例,其过程大致包括:收集该药物最新的化学、药效信息和现有临床研究资料,编写研究者手册;筛选主任医师、医师与其他相关的主要研究者,协商共同制订有关临床研究的试验方案、病例报告表、知情同意书手册样本等重要研究相关文件,并组织召开首次研究者会议,讨论研究上述相关文件；获得伦理委员会批准，获取药品注册部门的批准，准备试验药物，签署各方协议，培训试验人员，分发试验相关文件、表格和药物给研究者并开始临床研究。药物用于临床研究期间，如发生临床试验治疗方案的变更、非药物临床研究安全性问题、知情同意书或病历报告表发生变更，药品注册申请人应及时向伦理委员会报告。如发现严重风险情况，应及时更改药物临床试验的方案，暂停研究或直接终止临床研究，并须尽快向伦理委员会和药监部门报告。临床试验结束后，必须将临床试验总结及相关文件报送药监部门进行注册报批。

同情使用治疗使无法参加临床试验的危重患者可以从使用新医疗设备的治疗中受益。除紧急情况下不能保证事先获得伦理委员会批准的情况外，单个患者同情使用、中等规模患者同情使用、大规模患者同情使用这三类同情使用须经药品监督管理部门和伦理委员会批准后方可进行。两者没有先后顺序要求，不同类型的申请有细微的时间差异。以美国的同情使用申请的审批流程为例，即通常在 FDA 收到同情使用申请的 30 日或小于 30 日后通知进行；同情使用方案可以以修正案的形式提交，在伦理委员会批准同意后即可开始，无需受 30 天的限制。此外，还有很多针对个别患者实施的紧急程序。如果患者确实需要进行紧急手术治疗且无法等待书面提交申请，申办者还可以通过电话预约和电子邮件、传真预约等远程电子通信方式直接向 CDER 或 CBER 提出申请。FDA 审评负责人通过电话批准紧急使用该药物，研究者或申办者 15 天内向 FDA 补齐书面申请材料。FDA 明确规定了执业医师和申办者的责任，并规定同情使用的申办者要如同商业申办者一样，必须向 FDA 提交药物的安全报告和年度研究报告，以评估患者接受同情使用的风险。研究者必须要确保按时如实向申办者报告药物不良反应或事件，同时还要确保满足知情同意、伦理委员会审查、记录信息与妥善保存相关信息资料等各项要求。申办者还负责向 FDA 提交 IND 安全状况监测评估报告和年度报告，确保其研究人员都能够客观且正确地进行同情使用，在审查 IND 的药物年度报告时，FDA 将会确定该药物未来是否可以继续用于同情使用。

尝试使用治疗可以让绝症患者有更多的选择，其申请只需获得伦理委员会的批准，无需获得药品监管机构的批准。尝试使用治疗不再需要制药公司和医生遵循或提出特定的治疗计划。鉴于患者权利的实现有赖于药企、医师等相关主体的积极响应，为保证药企和医师参与治疗的积极性，降低药企和医师提供未经批准的试验用药物的法律风险，只要根据药物产品适用的要求，向适当的患者提供适当的研究药物产品，即可免除责任。生产此类药物的公司和开处方的医生通常受到保护，除非他们涉及法律规定的不当行为、重大过失或故意不当行为。此外，由于申办者和医师批准或拒绝使用研究药物治疗的决定也受客观条件的影响，不提供适当试验用药物的决定免于承担任何责任。尝试使用不需要申办者提供安全性报告,只要求申办者向 FDA 提供药物使用的年度概要,其中应包括给药剂量和治疗的患者人数,针对适应症状的用法和已知的严重不良事件。

2.3 临床研究的行为合规与损害救济

保障危重患者的权利是在临床研究中至关重要的议题,本节从梳理危重患者的权利出发,通过探讨临床研究的行为约束与责任分配机制,来进一步探讨用法律规制保障危重患者权利的发展路径。

2.3.1 患者的权利及其保护

临床研究中的治疗风险与收益并存,首先要考虑的是患者的个人权利,而个人权利又包含很多方面。本部分进行聚类分析和"高级"人格权表现细分,并对临床研究的治疗行为作出基本判断和相应规范。需要注意的是,患者个人权利的"高级"划分并不是对个人权利重要性的排序,而是一个逻辑组合的过程。其中,基本权利是生命权、健康权和身体权,精神权利是隐私权、信息权和删除权,医疗决策相关权利最重要的是知情权、平等参与权和反悔权,医疗结果相关权利主要包括受益权、恢复权和获赔权,如图2.1所示。

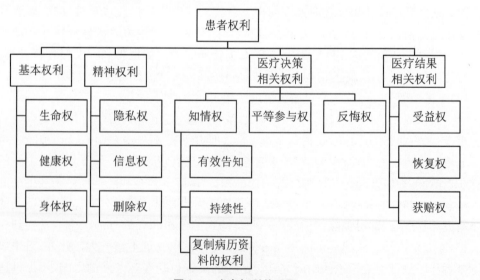

图 2.1 患者权利关系图

危重患者的权利与一般患者的权利类似,是在一般患者权利的基础上延伸而来的。但危重患者的权利比普通患者更多、内涵更深、层次更广。

1. 基本权利及保护

这是危重患者最基本、最重要的权利,也是更高层次权利存在的基础。公民的基本权利主要包括生命权、健康权和身体权。

生命权是主体享有的维护和保护自己生命的权利,保护自己的生命不受他人伤害。对于危重患者,最重要的是他们有权维护和维持自己的生命。

健康权是法律主体享有的不受他人干涉而维持正常的身体机能和健康状态的权利。对于危重患者,主要是维护维持健康状况的权利。

身体权是法律主体维护其身体完整性和保护个人身体免受他人伤害的权利。对于危重患者,主要涉及身体完整的权利和不受研究人员伤害的权利。

临床研究中关系到生命权的患者同意,通常没有法律效力,如果发生不可避免的死亡,家属将获得赔偿。此外,患者不得被要求放弃获得赔偿的权利。

医生有法定义务告知患者真实情况,但如果患者在知情后会不堪重负,加速死亡,医生可以从道德良知的角度隐瞒真实情况,此时不构成违反法定义务。

当特殊群体或个人参与临床研究时,医生需要履行更多的注意义务,采取特殊保护措施。

2. 精神权利及保护

隐私权是权利人依法保护自己的隐私和隐私不受第三方非法干涉的权利。对于危重患者,主要涉及隐私权和披露范围、程度和性质的决定权。

信息权是权利人控制、使用、保护和防止他人侵犯与其自身密切相关的信息的权利。对于危重患者,信息权涉及个人信息的控制权、临床研究中收集和使用信息的知情权、授权他人使用自己信息的权利。

删除权是权利人在个人信息不再为特定事项或任务所需时请求删除其个人数据以确保其个人数据安全的权利。对于危重患者,删除权主要是指有权要求临床研究医院删除不再需要的个人数据。

在临床研究中,工作人员必须采取一切措施保护患者的隐私,并对他们的个人信息保密,以便为患者研究数据的保密性提供可靠的保证。

法律禁止非法收集、非法使用、非法存储、非法处理或非法转售个人数据。在临床研究治疗的背景下对患者数据的收集、使用、存储、传输和处理必须尊重患者的意愿并征得患者的同意,但其他非营利性研究除外。

各国根据各自的产业政策制订了不同的个人数据保护方式方法,在保护个人数据和促进信息共享之间取得平衡,医疗健康行业也不例外。

3. 医疗决策相关权利及保护

知情权是权利人对医疗过程、风险等相关信息知悉获取的权利。对于危重患者,维护其知情权主要是指在临床研究中必须向患者披露医疗过程、药物的相关风险等信息。

平等参与权是权利人享有同等资格参与活动、平等享有权利和承担义务的权利。对于危重患者,它主要涉及平等治疗权和平等参与临床研究过程的权利。

反悔权是权利人作出法律行为后,作出撤销该行为的意思表示的权利。对于危重患者来说,它主要是指单方面撤销以前的行为或意思表示,如同意的意思表示。

在临床研究中,每位危重患者都必须获得与研究相关的足够信息。必须告知患者,他们有权随时拒绝参与研究和退出研究。

如果患者无法给予知情同意,医生必须征求其法定代理人的知情同意。那些无法提供知情同意的患者绝不应参与对他们无益的研究,除非研究的目的是促进患者所代表人群的健康。

如果被认为无法提供知情同意的患者能够表达是否参与临床试验治疗的决定,则医师不仅应征得患者的法定代理人同意,还必须获得患者知情同意的这种表达。

当临床研究治疗涉及身体或精神上无法同意的患者(如昏迷的患者)时,只有在妨碍同意的身体或精神状况是研究目标人群的必要特征时才应进行试验。在这种情况下,医生必须尽量获得法定代理人的知情同意。在没有此类代理人且不能延迟治疗的情况下,可以在未经知情同意的情况下进行治疗,前提是治疗计划中描述了参与治疗的患者无法给予知情同意的具体原因,并且治疗方案经伦理委员会批准。但是,应尽早从患者或其法定代理人处获得继续治疗的同意。

4. 医疗结果相关权利及保护

受益权是法律主体受邀参与某种危险活动并从中获得一定利益的权利,它基于平衡的理念。对于危重患者而言,它主要涉及可以从临床研究中获得的某些人身或财产利益。

恢复权是指权利人在自身权利受到他人侵害时都有权请求该侵权人恢复被侵前状态的权利。对于危重患者来说,它主要涉及人身权利受到侵犯时的上述权利。

获赔权是指法律主体的人格权或财产权受到他人侵害时,向侵权人寻求赔偿的权利。对于危重患者来说,这意味着他们在临床研究过程中受到伤害时有获得赔偿的权利。

临床研究医院必须确保受到伤害的患者得到相应补偿。患者可以获得免费医疗服务。当患者因参与研究而受到伤害时,需要进行恢复性治疗。

5. 部分权利的进一步说明

(1) 知情权

与普通患者相比,由于病情的严重性和当前医疗技术的限制,危重患者比普通患者更有可能接受试验性医疗。基于患者的一般知情权,危重患者的知情权应更加细化和全面,法律规定应得到更充分的落实。

现有相关的医学法律法规都包含多项保护广大患者知情权的条文。《医疗机构从业人员行为规范》第二十七条是专门针对临床试验患者知情同意的规定。医务人员应当严格遵守药物和医疗技术临床试验的有关规定,全面规范试验性医疗,保证患者本人或家属的知情同意。

① 有效告知。需要有效告知,充分保障临床研究中危重患者的知情同意。患者的有效了解是有效告知的前提。由于医疗的专业性、风险性和复杂性以及医师与患者在专业知识和经验上的差距,医务人员应确保患者对医学试验措施和风险有充分、客观的认识,以实现对医学试验的有效认知。

② 持续性。由于临床研究的复杂性和可变性,临床研究机构的工作人员应及时告知患者试验情况、将采取的医疗措施和患者面临的风险,保证患者享有持续的知情权。持续享有知情权表明受试者始终知晓试验细节,并有权随时选择退出。《涉及人类的生物医学研究伦理审查办法》第十八条第一款中明确规定了患者的知情同意的连续性。

③ 查阅和复制病历的权利。由于危重患者参与临床研究具有风险性,危重患者的相关治疗和护理记录以及临床研究中的数据具有复制的必要性。与一般患者相比,维护危重患者知情权,在发生医疗事故时维护患者的合法权益更为重要。

临床研究医院要充分保障危重患者查阅、复制其病历、体检和治疗记录的权利,及时更新患者的病历和试验数据。

(2) 隐私权

患者的隐私权要求医生在收到患者的健康信息后对患者的信息进行保密。

与一般患者相比,危重患者的病情信息与本人及近亲属的生活、工作、社会交往及心理状况具有更高关联性,且更广泛,对其他人的限制也应更多。对危重患者病情信息和试验治疗应采取更严格的保密措施,实行更严格的病情信息查询和查看限制制度。

(3) 获赔权

因医疗事故受伤的患者,有权通过行政强制干预或者通过法律手段维护自己的合法权益,并通过行政部门的调解或者司法程序获得适当的赔偿。

临床试验治疗过程也涉及医疗知识产权的创造、申请、管理和保护,特别是新药、新医疗器械和新诊断治疗的临床转化。此外,临床试验治疗也容易产生新的医患关系。因争议与常规诊疗不同,需对原有规则进行完善,寻求法律确认。

6. 患者的义务

在临床研究医院遵守法律法规保障危重患者权利的同时,危重患者及其家属应履行其相应的义务,遵守医院规章制度,听从医生安排,配合接受检查,尊重医护人员,不得干扰医疗秩序、妨碍医务人员工作生活、侵害医务人员合法权益,不得聚众滋事、非法携带易燃易爆物品,不得侮辱、威胁恐吓医务人员或非法限制医务人员人身自由等。

《中华人民共和国民法典》第一千二百二十八条、《中华人民共和国治安管理处罚法》第二十三条、《关于维护医疗机构秩序的通告》第三条和第七条都规定了违反相关规定将处以警告、罚款、拘留,构成犯罪的,追究刑事责任。

这些法律法规都表明患者在享有权利的同时,也应履行义务,患者的权利与义务相统一,也为医疗机构的秩序维护及医疗机构从业人员的合法权利提供了保障。

7. 保护受试者权益的基本出发点

尽管参与临床研究的受试者与研究机构存在合同关系,但临床研究本身意味着受试者承担风险和不确定性。由于测试的不确定性,可能会对受试者产生副作用,使其遭受身心痛苦,损害他们的生命权和健康权。当受试者的健康权和生命权受到侵犯时,研究者和申办者的责任不能因知情同意、不可抗力等因素而被免除,这从伦理、法理、技术等角度来看都是不合理的。

进一步完善法律法规,充分保护临床研究受试者的权益,体现公平、合理和人道主义价值观,应作为法律的基本原则和出发点。完善主体权益受到侵害时的救助渠道,使主体权益受到侵害时,能够通过司法、行政等渠道获得救济。

2.3.2 临床研究行为的约束

从约束角度来看,临床研究行为约束可分为对申办者、研究者、监查员和稽查员的约束。从约束形式来看,临床研究行为约束可以分为法律约束、机构约束和内部监督约束。内部监督约束主要涉及申办者对研究者行为的约束。申办者除直接对研究者具有约束作用外,也可通过监查员、稽查员对研究者的行为产生约束作用。

在我国,已经制定了许多法律法规来规范临床研究。GCP、《医疗卫生机构开展临床研究项目管理办法》是专门针对临床研究活动制定的,已逐步形成了较为完善的临床研究行为约束机制。

1. 审查批准

开展药物临床试验,应当事先根据国务院药品监督管理部门的统一要求如实上报试验研究方法、质量指标、相关的数据和相关试验样品,并须经国务院药品监督管理部门批准。临床试验的方案除必须经国务院药品监督管理部门批准外,还须经伦理委员会审查同意。

筛选受试者需在伦理委员会审查同意后。研究者也必须认真执行经伦理委员会审查同意的临床试验的方案。伦理委员会还必须持续地审查临床试验的方案，包括审查方案的适当变更、审查方案的终止和研究总结报告等。

研究者只能在获得申办者和伦理委员会批准的情况下修改或偏离试验方案，除非是为及时消除对受试者的紧急伤害或仅涉及临床试验管理的改动。研究者或其指定的研究人员必须记录和解释偏离试验方案的情况，并及时向伦理委员会和申办者报告，必要时向监管部门报告。

《中华人民共和国药品管理法》第十九条、第二十条和 GCP 第五条、第十九条、第二十条都体现了国务院药品监督管理部门、伦理委员会对临床试验方案的机构约束。

2. 知情同意书签署

开展有关药品安全和适用性研究时，医生必须向受试者或其监护人详尽阐述临床研究的目的和风险等详细情况，获得由受试者或其监护人自愿签字的知情同意书，并采取相应有效措施保障受试者的合法权益。

研究者严禁以强迫、引诱或其他不合法手段让受试者进行临床研究，并应充分告知受试者有关事项。受试者必须为无民事行为力的人时，如伦理委员会原则上认可，研究者认为合乎受试者利益，可经监护人书面同意后进行。儿童作为受试者时，应当取得其法定监护人的同意并签名，如果儿童可以作出同意选择，还必须获得儿童的同意。

在紧急情况下，如无法获得个人和法定代理人的知情同意，必须在试验方案及相关文件中明确说明，并事先获得伦理委员会的批准。

《中华人民共和国民法典》第一千零八条和《中华人民共和国药品管理法》第二十一条、第二十三条均强调了受试者知情同意，对研究者的行为进行法律约束。

3. 临床研究程序

（1）临床研究整体行为准则

临床试验前申办者应完成试验用医疗器械的临床前研究，并准备充足的试验用医疗器械。医疗器械临床研究必须在医疗器械设施的两个或多个临床研究机构中进行。研究者必须确保医疗器械仅用于此临床研究试验中的所有受试者，不额外收取其任何相关费用。研究者要确保参与研究的相关人员充分了解临床研究方案、相关规定、研究中使用的医疗器械的特性以及与临床研究相关的职责，并掌握预防风险和应急处理方法。开展临床研究应遵循避免利益冲突的原则，研究者应遵循临床试验随机化程序。研究人员在临床研究期间应遵守研究方案，任何医学判断或临床决定均应由医生作出。《医疗器械临床试验质量管理规范》第七至九条、第六十三至六十八条，GCP 第六条、第十条、第二十二条对此作出了明确规定。

(2) 临床试验资料

相关的纸质或电子数据应妥善记录、处理和存储,同时应保障受试者隐私和相关信息的机密性。临床研究机构和研究者要求更改相关研究试验数据或结论时,应当向药品监督管理部门报告。临床研究试验完成或需提前终止时,申办者仍应按照相应规定向药品监督管理部门提交临床试验报告。临床试验总结报告资料必须客观全面、完整、准确地及时反映有关临床试验结果,临床总结报告提供的安全性、有效性数据必须与现有临床试验源数据一致。GCP 第七条、第五十四至五十五条和《医疗器械临床试验质量管理规范》第七十四至七十九条对此作出了明确规定。

(3) 申办者义务

申办者可以约束研究者的行为,其自身的行为也受到法律的约束。GCP 第五章规定,申办者要建立完善的临床试验质量管理体系,负责制订、实施和及时更新临床试验质量保证和控制的操作规程。申办者应任命有能力的医学专家就临床研究问题提供及时的医疗建议,向研究者和临床研究机构提供试验用药物说明,制订试验用药物供应和管理程序,确保试验用药物及时供应给研究者和临床研究的受试者使用;建立试验用药品回收管理制度和未使用试验用药销毁制度。申办者也应负责采取技术措施来确保药物在整个试验期间的化学稳定性,并要负责药物试验过程中药品安全性评估。申办者每年应如实按申请要求程序和要求时限定期报告相关药物不良反应。申办者应确保临床研究的依从性,当发现重大问题时,采取适当的纠正和预防措施。

(4) 临床试验监查

GCP 第四十九至五十条明确规定,临床试验进行监查评价的首要目的应该是充分保障参与临床试验各方受试者的合理权益,保证试验记录与报告的各项数据合法、正确、完整,确保试验研究全过程遵循已同意的研究方案、本规范和相关法规。监查员的职责包括:熟悉试验用药品、试验方案、知情同意书等提供给受试者的书面资料,熟悉临床试验标准操作程序和 GCP 等相关规定,确保研究者根据试验方案正确进行临床试验并记录在案。监查员应仔细确认研究者和该临床试验机构是否具备完成该项临床试验的条件,监查试验用药品在整个过程中的储存和使用,监查研究人员是否履行职责,确认受试者是否符合标准,报告临床研究的入组率和进展,并确认研究的准确性和完整性。

(5) 临床试验稽查

GCP 第五十二条规定,申办者除日常监督外,还可以进行稽查,以评估临床试验的实施和法律法规的遵守情况。申办者选择独立于临床试验的人员作为稽查员,稽查员必须经过适当的培训。申办者应制订临床试验和试验质量管理体系的稽查规程。稽查员在稽查过程中发现的问题,应当书面记录下来。申办者根据向药品监督管理部门提交的材料、临床研究的受试者数量、临床研究的性质和复杂程度以及其他已知因素,制订稽查计划和程序。

2.3.3 临床研究的责任分配机制

1. 侵害受试者权益的归责原则

《中华人民共和国民法典》明确规定了三种侵权的归责原则,即过错原则、过错推定原则和无过错原则。与医疗损害不同的是,临床研究中的受试者面临更多的不确定性,承担更大的风险,虽然受试者可能通过临床研究获得一些经济补偿或使用最新的药物,但他们也承担着巨大的风险。因此,在确定临床研究中的伤害归责原则时,应考虑受试者所承担的风险及其对医学发展的贡献,不能直接适用医疗损害相同的归责原则。

需要加以明确强调的是,临床研究中的侵权归责也应考虑适用无过错责任原则。除了临床研究机构能够证明受试者的伤害结果与研究之间没有因果关系以外,受试者无需证明伤害与临床研究之间的因果关系。当然,如果临床研究机构和申办者都承担全部侵权责任,会增加研究机构的风险,降低其研发新药的积极性,最终损害社会和公共利益。因此,应进一步研究适当的平衡措施,既有利于保护受试者权益,又不挫伤临床研究机构的积极性。

2. 临床研究各主体的责任归属

(1) 临床研究机构和研究者的职责

研究者和临床研究机构的共同责任有:研究者和临床研究机构负责对申办者提供的试验用药品进行管理,指定合格的药剂师或其他人员来管理,遵守药品管理规定并保存记录;研究者和临床研究机构应确保对发生不良事件的受试者进行妥善处理。

研究者的独立职责包括:担任临床医师或授权临床医师,担负任何有关的医学决策责任;一旦研究者确认受试者有必须治疗的合并疾病,研究者应通知受试者,并格外注意可能影响临床研究结果以及受试者安全的合并用药;研究者应保留所有使用试验药物的数量和剂量的记录;研究者应当引导并确保受试者正确使用试验药物。

(2) 申办者的责任归属

各方参与临床研究之前,申办者必须明确各自的责任,并在签订的合同中予以说明。

申办者应当向研究者和临床研究机构提供与临床研究风险相适应的法律和经

济保证,但因研究者和临床研究机构的过错造成的损害除外。

申办者应免费提供试验药物,并自行支付相关医学检测费用。申办者也需要承担所有受试者与临床研究相关的损害或者死亡的诊疗费用,并及时支付相应的赔偿。

3. 我国临床研究责任分配机制存在的问题

(1) 法律规范的缺失

目前,我国药物临床研究数量逐年高速增加,由此直接产生的药物侵权相关责任纠纷问题也屡见不鲜。但是,相关法律法规缺失,《中华人民共和国民法典》中同样也没有关于药物临床研究侵权的相关规定,使得在司法实践中我国司法机关处理此类医学纠纷时,一般只能依法适用社会公平原则,参照一般医疗健康损害事件的构成要件和归责原则确定医疗侵权相关责任。这不仅混淆忽略了医疗行为和药物试验行为间的实质区别,也容易由此造成法律规范适用上的实质混淆。

(2) 部门内规章救济性不强

我国大部分与药物临床研究相关的法规都是部门内规章。这些部门内规章主要是对临床药物试验相关的行政规范要求和内部伦理审查。例如,GCP 中明确规定了申办者应为申请受试者依法提供各种保险措施或经济保证,但我国实际上很少能有申办者按此规定主动为受试者缴纳保险。此外,由于药物临床试验面临的风险更高,大多数商业保险公司目前都不太愿意开展这项业务。

(3) 司法实践的困境

由于缺乏相对明确严格的有关法律规定,对归责原则和因果关系认定原则的选择均不同,导致我国同类案件的相关判决不同。确定因果关系往往是法院审理药物临床试验侵权案件的难点。在实践工作中,绝大多数法官没有医学专业知识,对临床研究行为知之甚少,受试者亦难以提供真实有力的客观证据。我国处理此类医疗专业性级别较高的复杂案件时,虽然法院通常委托医学协会等专业性鉴定机构进行鉴定,但研究者自身和专业鉴定机构难以准确地判断不良反应是否由药物所导致,也难免会出现失误。

4. 完善我国临床研究侵权责任规制的路径

(1) 完善临床研究相关法律

结合我国现阶段临床研究实际,可考虑制定较为专门且具体可行的法规,如《中华人民共和国临床医学法》,对有关临床药物及试验设备、医学研究评价结果公布等重要事项作出较为科学详细准确的规定。该法律应具体规定立法的基本目的、原则、概述、伦理要求及其他审查程序约束协调机制,各相关人员的权利和相应的法律义务,监督管理实施机制和各方承担的有关法律责任。

(2) 完善《中华人民共和国民法典》侵权责任编内容

药物临床药物试验侵权虽然同属于民事性侵权,但并不同于普通医疗侵权和医药产品责任。当侵权责任尚未确定归属时,应该考虑有较为一致明确的归责原则。因此,应先将我国关于临床研究的侵权赔偿责任规定纳入《中华人民共和国民法典》中侵权责任编部分,同时建议最高人民法院发布相关的司法适用解释,确定适用于药物临床研究的侵权赔偿责任的归属原则。

(3) 确定我国临床研究补偿责任的法律地位

第一,明确赔偿与补偿制度的基本区别,明确各项具体规定,认真分析强调赔偿与补偿的内在不可替代性。第二,将补偿保险责任或其他补偿措施作为申请Ⅰ期试验研究的一个必要条件,只有通过这种明确的且具有实际约束力的法律规定,才能督促申办者或其研究者依法履行义务。第三,补偿措施也应单独列为医学伦理委员会进行审查的项目,补偿措施的内容必须同时在患者知情同意书附件中有详细解释说明,并须向受试者予以充分有效解释。

2.4 临床研究医院建设的法律风险及其防范

在临床研究中,存在诸多法律风险与效益间的权衡,如何防范法律风险,是临床研究医院建设必须考虑的议题。

2.4.1 临床研究医院自身及其多元治疗路径是否合法

临床研究医院并不刻意追求新设,更多是在现有临床试验机构的基础之上进行一种价值重塑和"组织—管理—服务"的重构,后期是否采用独立法人、实行多方主体共建可视发展情况而定,其自身法律问题集中体现在治疗路径的合法性方面。表2.2的治疗路径只是危重患者需求导向下路径供给的理想范式,具体到一个国家或地区还有很长的路要走。我国在完善临床试验法律法规的同时,也在建立健全拓展性临床试验制度及相关规范,通过路径创新既可解决临床研究医院的合法性问题,也能为危重患者参与治疗提供更多的路径。从《关于深化审评审批制度改革鼓励药品医疗器械创新的意见》(2017年10月)明确提出支持拓展性临床试验,到《中华人民共和国药品管理法》(2019年8月)新增药物拓展性临床试验条款,再到《医疗器械监督管理条例》(2020年12月)新增医疗器械拓展性临床试验条款,这些都表明我国已正式建立起医疗产品同情使用制度,并有《拓展性同情使用临床试验用药物管理办法(征求意见稿)》(2017年12月)、《医疗器械拓展性临床试验管理规定(试行)》(2020年3月)等参考或细化规定。

与美国的制度创新相比,我国一方面需要保持定力、仔细评估、避免激进,另一方面也需要立足国情、摸索前行、展现自信。首先,从目前我国已有的同情使用制度来看,我国已作出相应改进和调整,如同情用药的申请人不是患者,而是药品注册申请人;注册申请人向药监局药审中心申请开展临床试验,而不是向药监局提出申请。其次,对于尝试使用制度的建设,美国采用"自上而下"的立法模式,先有法案后配套以法规政策是其必然选择,而我国目前最优的选择是"自下而上"的立法模式,即先有政策而后考虑政策法律化的问题,如《中华人民共和国药品管理法》《中华人民共和国药品管理法实施条例》《药品注册管理办法》等的修订。最后,美国尝试使用制度生效时间不长且争议性显著,还有待跟踪、评估其实施效果,进一步引入尝试使用制度尚需综合考虑。

2.4.2 临床试验治疗是否改变了原有的医疗法律关系

临床研究医院是一种新型的组织,临床试验治疗是一种新型的行为,这种"新型"的重要表现就是在未增加法律关系主体的前提下使得原有法律关系变得复杂。

一方面,在医院与患者层面形成新型自愿治疗关系。在临床试验治疗中,医院及其医生既是治疗主体也是研究主体,患者既是治疗对象也是试验对象,身份竞合现象非常突出,由此导致的利益冲突始终存在。现实中,普通医患关系主要由医患合同关系(医方发出就诊邀约、患者申请挂号、医方受理挂号的诊疗行为)、医患无因管理关系(为避免患方的人身和财产利益受到损害,自愿为患方提供医疗服务行为)、医患事实合同关系(患方未办理挂号但医疗方已开始实施医疗行为,如医方对通过绿色通道送入的急危重病人的诊治行为)等构成。但在临床试验治疗中,这种医患关系更多体现的是一种医患合同关系:① 是否由患者或其法定代理人作出决定;② 治疗方案由医院及其医生根据患者病情具体制订;③ 患者充分知情并同意接受治疗;④ 治疗过程的实时管控。概言之,临床研究医院拓宽危重患者治疗路径,需要患者或其法定代理人的真实意思表示来配合实现;临床研究医院赋予危重患者更大的自主选择权,决定了合同的变更、中止和解除有更大的自由,也预示着对患者知情权的保护更具主动性(如一般性告知外可能还有紧急告知和实时补充告知),对患者隐私权的保护更具严格性(如病情研究或观摩教学等均需取得患者同意)。

另一方面,在医院与其他合作者形成新型协作治疗关系。据统计,药品研发过程中80%的成本都用于临床试验阶段,为节省资源,许多药品研发项目的申办者都会选择将其外包给合同研究组织(CRO)。在常规临床试验中,申办者与CRO最初属于交易关系。临床试验由申办者外包给CRO,当多数CRO以降低价格来获得优先合作权时,就容易背离临床试验最终的目的,造成临床试验结果的失真乃至管理上的负担。后来,申办方与CRO的关系更趋向于风险共担、知识资源共享,甚至利益共享的合作方式。而在临床试验治疗中,需注重发挥临床研究医院自身的主导作用:① 主动建立与医疗产品生产企业间的密切联系,实现试验用医疗产品的供给;② 强化其伦理审查委员会的职能,满足相应程序要求(除非该临床试验医院不具备伦理审查条件);③ 合同研究组织非必要,没有其参与也可开展;④ 依路径选择不同,接受药品监管部门根据风险情况对临床试验治疗进行的必要的差异化的事前、事中或事后监管。

2.4.3 临床研究医院能否有效平衡上市审评目的和治疗目的

目前我国有1000多家临床试验机构,但绝大多数临床试验机构在资格认定前本身已是三甲医院,高质量的临床试验平台多是高水平的医疗服务基地,这在一定程度上造成临床试验资源的短缺。面对医疗产品的创新发展和不断增长的临床试验需求,现有的临床试验机构已难以满足市场需求,将临床试验机构大部分资源用于开展危重患者治疗更是难上加难。根据原国家食品药品监督管理总局和国家卫生和计划生育委员会联合发布的《医疗器械临床试验机构条件和备案管理办法》(2017年11月24日)、国家药品监督管理局和国家卫生健康委员会联合发布的《药物临床试验机构管理规定》(2019年11月29日),临床试验机构由原来的审批制改为登记备案制后,其他机构很容易达到条件进而成为临床试验机构,临床试验机构基础数量的增加一定程度上可以缓和临床试验资源的短缺状况。但由于临床试验的严苛性与高投入性,药械企业仍青睐于软硬件均较好的三级医院以避免出错,因此,临床试验机构的外部压力未有实质性减轻。

同其他国家一样,我国的临床研究也从申办者发起的药物临床试验起步并发展至其他领域。我国现有临床试验机构在取得重大进步的同时自身也存在一些尚未解决的问题,如组织管理构架不完善、相关制度和操作规程更新不及时、文档及资质管理不规范、软硬件设施不健全、试验用药管理不严谨、内部质量控制环节较薄弱、试验数据取得不严谨、伦理审查环节执行不到位、协调申办者/第三方服务机构等参与主体不顺畅等,这不仅影响临床试验机构以产品上市为目的的受托检验能力,也影响临床试验机构以危重患者为试验对象的探索治疗能力。因此,现有临床试验机构若想顺利开展临床试验治疗,需在以下两点上努力:一是有条件遴选部分前瞻性、高端性、紧缺性医疗产品开展临床试验,以进行项目总量控制,不能因外在压力或诱惑背离其治疗性目标追求,造成人力、设备和时间等资源的分配扭曲;二是从繁琐的常规医疗服务中解放出来,配合家庭医生、分级诊疗、智慧医疗、中医院首诊等制度实现服务下沉、资源共享和业务协同。

2.4.4 临床研究医院进行临床研究治疗能否享有责任豁免

常规临床试验治疗和同情使用治疗均受到药监部门的全程监管,临床研究医院及其医生需要承担相应的责任,包括严格的风险控制措施、充分的患者保护措施、不良反应的及时报告和伤害救助等。为分摊临床试验治疗过程中患者出现不良反应后可能引起的法律风险与经济风险,临床研究医院可要求并核查申办者为患者购买临床试验责任保险,以强化申办者的担保责任。上海市在这方面走在全国前列,不仅鼓励生物医药产业相关机构和企业自主投保生物医药人体临床试验责任保险和生物医药产品责任保险,而且还对其保费进行财政补贴。由于近些年临床试验项目增多,而临床试验过程中的风险巨大,所以国家药品监督管理局正计划强制申办方在临床试验开展前为患者购买临床试验责任险。同时,鉴于研究者在临床试验过程中的重要作用及医务工作的特殊性,临床试验治疗的医疗责任险、患者意外伤害险、医疗产品质量险、要员责任险也正在积极开发中。

在尝试使用治疗中,为保证企业、医院及医生参与治疗的积极性,其向患者提供未经批准的试验用医疗产品开展治疗可免除法律责任。除非企业、医院及医生的行为构成法律规定的鲁莽或故意的不当行为、重大过失或故意侵权,通常会受到法律保护。鉴于允许或者不允许使用试验用医疗产品进行治疗需要根据客观条件来定,因此当企业、医院及医生决定不提供对试验用医疗产品的准入也不承担任何责任。尝试使用治疗中,企业是最大的赢家,在法律责任免除外,也不会因为使用试验用医疗产品出现的任何不良事件而影响医疗主管部门对该试验用医疗产品以上市为目的的临床试验产生负面判断(除非使用此类临床结果对于决定试验用医疗产品的安全性至关重要),此外也没有限制企业收费,给予其更大的自由空间。

2.4.5 医疗产品价格是否过高而排斥危重患者参与治疗

常规临床试验治疗的费用由申办者承担,危重患者不但能免费试药还能获得申办者承担的人身伤害补偿。同情使用治疗在治疗费用分担上,国际巨头企业一般采取慈善赠药,由企业垫付试药费用;初创企业一般采取部分免费,在一段试验时间内免费,超出时间外收费。但在尝试使用治疗中,企业可根据试验用药物生产和供应情况自行决定收费标准,实践中容易出现背离情形。2018年6月20日,美国企业 Sarepta 在公布杜氏肌营养不良症(DMD)基因疗法产生惊人早期疗效的同时,也宣布不会按照刚刚通过的尝试权法案在产品上市前为患者提供这个药物。2018年6月21日,另一个致命罕见病肌萎缩侧索硬化症(ALS)药物的研发企业

Brainstorm Cell Therapeutic 宣布将为患者提供尚未批准上市的 ALS 细胞疗法 NurOwn，但要收取患者 30 万美元以上的费用。两家的选择因符合法律规定而都无可厚非，但实际已走向极端，如此很多患者将失去参与治疗的机会。从企业的角度看，企业为临床试验阶段制造的医疗产品通常数量很少，而要满足同情使用或尝试使用的患者的需求就不得不制造更多医疗产品，有求必应将对企业的正常运营产生额外负担，亦可能对相关临床试验的开展产生干扰。面对医疗产品供应不足的情况，一些企业建立了一套抽签系统来决定哪些患者能够使用。

电影《我不是药神》反映了用不起天价进口药转而采用相对便宜的仿制药的问题，其中进口药昂贵的一个重要原因在于该药未纳入医保范围。因此，对于已上市的进口药物而言，为了解决药物贵的问题，在取消药品关税的同时，就相关药效明显的药品由国家集中谈判，降低还在专利保护期内的药品价格，明确将其纳入医保报销目录，可为患者治疗提供更好的保障。此外，将临床试验治疗费用纳入医疗保险范畴，也可有效减轻患者负担，我国将国家谈判药品纳入各省（区、市）基本医疗保险基金支付范围的相关经验，可供新医疗产品费用分担进行借鉴；将现有的临床试验责任保险扩展至各类临床试验治疗活动，可进一步保障患者利益、分担申办者忧虑、促进保险险种创新。

2.4.6 其他政策措施能否为危重患者提供更有效的解决方案

药品审评监管与公众健康保护之间的矛盾始终相伴相生，这也是公共管理权力与私人生命健康权利的基本矛盾在药品监管方面的具体体现。当监管趋松，药品安全性和有效性均可能面临较高的风险，虽然其临床可得性会增强，但需求者会面临更大的用药风险；当审评监管趋严，药品安全性和有效性固然能有良好预期，但条件上的苛刻性和程序上的固定性会排斥特殊用药群体的特别需求，虽然这部分群体只占全体患者的极小比例。因此，"两弊相衡取其轻"，基于患者权利保护的基本判断是：一般性的药品审评监管实为必要，但需设置例外规则，即同时考虑到特殊群体的特别需求。此即为临床试验治疗存在的重要前提和基础。从更宏观的角度看，临床试验治疗是对稀缺的未上市医疗产品资源有效使用的探索，也是缓和药品审评监管与公众健康保护两者冲突的折中路径选择，最终解决的是"流"的问题。而更为基本的"源"的问题，还有赖于加快医疗产品研发、加速医疗产品审评审批、使用进口医疗产品等措施。

对于我国而言也是如此，鼓励新药研发、加速审评审批程序、改革进口药批准流程等政策（见表 2.3），与审慎拓宽危重患者医疗路径的政策一样，也是为危重患者提供医疗产品的有效解决方案，改变我国患者此前难以用上国外最新医疗产品的困境,缓解进口医疗产品价格昂贵的状况,体现"源"与"流"两类制度规范的协同推进。实践中,自 2018 年 4 月以来,国家药品监督管理局加速批准了临床急需的 7 个防治严重危及生命疾病的境外新药,为危重患者带来福音。此外,相关政府部门也正在考虑出台医药创新企业税收优惠政策,增加企业的创新再投入,为国内创新企业保驾护航。

表 2.3　相关政策一览

发布时间	制定部门	政策名称	主要内容
2018.01.25	原国家食品药品监督管理总局、科技部	《关于加强和促进食品药品科技创新工作的指导意见》	以相关国家科技计划(专项、基金等)为依托,加大对群众急需的重点药品、创新药、先进医疗器械自主创新等支持力度
2018.03.21	国务院办公厅	《关于改革完善仿制药供应保障及使用政策的意见》	促进仿制药研发,重点解决高质量仿制药紧缺问题,包括定期制定并公布鼓励仿制的药品目录、加强仿制药技术攻关、完善药品知识产权保护制度等措施
2017.10.10	原国家食品药品监督管理总局	《关于调整进口药品注册管理有关事项的决定》	为鼓励新药上市,满足临床需求,对进口药品注册管理有关事项作重大调整
2018.04.24	国家药品监督管理局	《关于进口化学药品通关检验有关事项的公告》	取消进口化学药品的口岸检验,进口化学药品从口岸通关后可直接配送至医疗机构、零售药店,使进入中国市场时间缩短了 2~3 个月
2018.05.17	国家药品监督管理局、国家卫生健康委员会	《关于优化药品注册审评审批有关事宜的公告》	对于境外已上市的防治严重危及生命且无有效治疗手段疾病以及罕见病的药品,同时经研究确认不存在人种差异的,申请人不需要申报临床试验,可直接以境外试验数据申报上市,药品上市时间将加快 1~2 年
2018.01.10	原国家食品药品监督管理总局	《接受医疗器械境外临床试验数据技术指导原则》	为申请人通过医疗器械境外临床试验数据申报注册以及监管部门对该类临床试验数据的审评提供技术指导,避免或减少重复性临床试验,加快医疗器械在我国上市进程

续表

发布时间	制定部门	政策名称	主要内容
2018.07.10	国家药品监督管理局	《接受药品境外临床试验数据的技术指导原则》	境外临床试验数据被采纳直接节省了全球药品在国内上市的时间和成本,将更多先进的抗癌药纳入到了国内癌症患者的治疗方案中
2016.11.08	国务院深化医药卫生体制改革领导小组	《关于进一步推广深化医药卫生体制改革经验的若干意见》	所有公立医院取消药品加成,逐步推行公立医疗机构药品采购"两票制"(生产企业到流通企业开一次发票,流通企业到医疗机构开一次发票),减少药品流通领域中间环节,提高流通企业集中度
2019.01.01	国务院办公厅	《国家组织药品集中采购和使用试点方案》	选择国内11个城市开展国家组织药品集中采购和使用的试点,目标是:实现药价明显降低,减轻患者药费负担;降低企业交易成本,净化流通环境,改善行业生态;引导医疗机构规范用药,支持公立医院改革;探索完善药品集中采购机制和以市场为主导的药品价格形成机制
2018.04.23	国务院关税税则委员会	《关于降低药品进口关税的公告》	自2018年5月1日起,以暂定税率方式将包括抗癌药在内的所有普通药品、具有抗癌作用的生物碱类药品及有实际进口的中成药进口关税降为零
2018.04.27	财政部、海关总署、税务总局、国家药品监督管理局	《关于抗癌药品增值税政策的通知》	自2018年5月1日起,增值税一般纳税人生产销售和批发、零售抗癌药品,可选择按照简易办法依照3%征收率计算缴纳增值税;对进口抗癌药品(包括103种抗癌药品制剂以及51种抗癌药品原料药),减按3%征收进口环节增值税
新华社受权于2021年3月12日全文播发	十三届全国人大四次会议	《中华人民共和国国民经济和社会发展第十四个五年规划和2035年远景目标纲要》	完善创新药物、疫苗、医疗器械等快速审评审批机制,加快临床急需和罕见病治疗药品、医疗器械审评审批,促进临床急需境外已上市新药和医疗器械尽快在境内上市

2.5 临床研究医院建设的法制突破

我国目前虽已建立了较为系统的临床研究法律规制,但仍有许多待完善之处。本节通过分析临床研究医院相关法律法规的突破需求,探讨相关法律规制的转向,为进一步优化法律规制提供参考。

2.5.1 临床研究医院法律法规的突破需求

1. 我国临床研究法律法规总体性突破需求

目前,我国临床研究相关法律法规中,完整覆盖临床研究各流程、各方面的法律法规较少,且缺乏执行方面的、细化明确的、针对性强的标准,多个实操环节仍缺乏实践性强的规定,后续环节整体上仍存在跟踪审查不到位、监督流程不规范等不足。

其他类型法律规范较少。目前我国临床研究正处于成长发展阶段,由于临床研究的复杂性、风险性与重要性,且其影响受试者的切身权益,必须用约束力强的条款加以规制。目前我国的法律规制多为强制性法律规范,这主要取决于我国的临床研究发展现状。强制性法律规范也是今后法律文件的主要组成部分,仍是我国政府进行临床研究管理的重要工具。

随着我国临床研究的发展,临床研究过程与法律关系逐步规范,其他类型的法律规范,如任意性法律规范、拟制性法律规范等也应逐步加入,以发挥灵活性的调节作用。

现有法律法规条文缺乏细化考虑,过程质量把控不严。现有法律法规条文对各程序层面虽作了要求,但在实践中往往出现一些更为细化的问题,难以从现有的法律法规条文中找到依据。现有法律法规条款在操作灵活性与时效性方面仍有较大提升空间,缺乏实操层面更为细化的要求和质量评价标准的明确要求。比如,在知情同意相关条款中,现有条款的规定相对笼统且在各细节无法应对多样化的实践情况,实践中不同研究者的实践方案规范性、严密性、可操作性不同,受试者的知情同意程度也有所不同,存在完全同意、部分同意、完全不同意等情形。因此,可根据临床试验中的不同情形,着重考虑方案中易产生争议的部分,作出更细致的规定或提出更明确的指导原则。

2. 临床研究知情同意法律规制的突破难点

知情同意等要求变得越来越明朗清晰,但在 ICF 协议的撰写、告知流程、相关方的签署和记录等诸多方面还存在各种技术问题。我国临床研究中知情同意问题亟待修改完善,需要加强受试者保护相关工作。

(1) ICF 作为免责声明

ICF 不是合同,只是研究人员已达到一定程度披露的证据。然而,在医疗实践环境中,ICF 声明又经常被研究者作为一种免责声明。当一些临床研究涉及对受试者造成伤害的重大纠纷时,研究人员却往往将受试者签署的 ICF 文件作为证据为自己辩护,他们认为受试者们已经完全接受了在 ICF 文件中提到过的风险,即为默认风险自担,这种做法显然是严重不负责任的。

(2) ICF 内容不合规

如信息不全面,替代治疗方法及其可能的益处没有充分说明,风险描述不充分、不客观、避重就轻,混淆研究风险和治疗风险,夸大收益;将研究项目标记为"治疗",强调慷慨的补偿,误导人们忽视可能的风险;费用解释不明确;语言过于专业,不易理解;缺乏试验结束后治疗安排的说明。

针对上述情况,在制定 ICF 时,应对 2020 版 GCP 第二十四条规定的基本要素逐一回答并详细说明,以提供完整的、信息全面的受监管的 ICF。

(3) 告知过程未做到实质合规

进行告知的工作人员未经正式授权。研究人员需要尽可能通过相关专业领域知识来回答知情受试者本人提出的专业问题。信息保密和受试者隐私信息保护等相关专业工作,必须由该研究项目负责人任命或授权的研究人员进行。在实际情况中,告知经常由其他辅助人员来操作,如研究护士或研究助理,研究人员常常只负责签字,这会导致相关医学信息的告知不甚清晰充分,甚至出现某些误导。这显然完全违反了"充分知情和充分理解"的相关原则。

相对完整有效的 ICF 通常会包含多个内容,但研究人员很可能因其自身原因,告知的信息并不完整,并没有足够详细全面地回答受试者的有关问题,使这些受试者们得不到足够详尽的相关研究信息,无法真正有效地理解这个研究过程当中包含的各项风险和收益。

3. 我国智能化临床研究法律规制的突破难点

(1) 电子化知情同意还没有正式系统的规定

按照《中华人民共和国电子签名法》,如果电子同意书仅作数据电文使用,就可以符合书面、原件性质的文书保存的规定条件。但由于临床研究中的知情同意具有特殊性,无法仅仅按照《中华人民共和国电子签名法》的一般规定,还需要继续出台相应法律规定。

(2) 医院信息系统与临床研究电子数据采集系统间的对接尚无先例

目前,医院信息系统与临床研究电子数据采集系统之间的安全连接在现有技术下是可以建立的,但受限于信息采集的内容完整性和程序规范性要求以及医院患者个人数据保护要求,还有很多实际问题需要解决。受限于个人隐私,美国虽然很早就开始探索智能临床研究,但进展较为缓慢。对于医院信息系统与临床研究电子数据采集系统之间的实时连接,我国并没有可以明确参考应用的规定。如何保证在不违反其他数据规则的前提下收集研究所需的医学数据,如何有效保护医疗数据采集的安全机密性,需要一致的行业法规。

(3) 我国开展全程远程监控仍存在一定挑战

虽然我国有远程监测的监管环境,但临床研究远程监测的实际实施需要考虑几个实际问题。实践已一再表明,远程网络实时监查的迅速实现,离不开我们对各种现代先进远程管理技术平台的熟练应用。我国临床研究中心的计算机化发展处于参差不齐的状态,能及时提供相应远程监查的研究中心屈指可数,这阻碍甚至限制了当前远程监查的进一步发展。此外,建立远程监查系统,还需要设置远程的中心试验室、中心超声读片、中心心电图、中心药物警戒器等,这可能会导致其人工成本显著高于现场监测。

2.5.2 临床研究医院法律法规的转向

1. 试验性临床医疗的批准

进一步细化试验性临床药品审批制度。《医院分级管理办法》将我国的医院分为了三级。一级医院是提供康复预防、医疗、保健和康复服务的基层医院和卫生院。此类医院不进行专项检查、治疗和临床医学,因此不能授权医师进行临床研究医学。由于国家二、三级医院的需求具有地域差异性和医疗群体多样性,医疗资源会更加注重多元化、专业化需求,能承担一定规模的医院教育培养和重大科研的任务,此类医院有权在自身资质范围内开展临床研究。

试验性临床医疗的批准,要贯彻全面审评、审慎分析、审慎审批的原则,建立健全审批机制,对医患双方意见进行综合分析,从专业的角度进行研究和探讨,同时从伦理护理的角度审视各种诊治方法的合理性、经济性和有效性。

临床研究法律法规要进一步完善试验性临床医疗审批的相关规定,完善审批流程,慎重考虑专业技术、伦理、人文、可行性等因素,综合多方意见,适当增加公众参与度,并加强审批过程的公平性。

2. 临床研究的知情同意

目前试验性临床医疗的同意制度比较笼统,应针对更具体的情况进一步完善。同时,应制定更完善的法律制度,对医疗机构利用患者信息不对称、隐瞒重要信息等行为进行处罚。

(1) 赋予药物临床研究结束后受试者的知情权

为保障受试者的知情权,知情同意书中应加入特殊条款,明确申办者告知研究者及研究者告知受试者的程序。研究人员还应将上述信息告知受试者或其法定监护人,因为研究结束后,不排除将受试者转移到其他医疗机构,而这些医疗机构的医生通常无法查看临床研究患者的详细医疗记录。告知内容可能包括受试者在研究期间使用的药物或治疗、研究药物的安全性和有效性以及是否上市等。

(2) 完善见证人制度

GCP已经为缺乏阅读能力的受试者制定了见证人制度,但上述制度需要进一步完善。应向缺乏阅读能力的受试者(听力正常)提供告知过程的音频或视频。录音应包括知情同意参与者的姓名和身份、知情同意书和对受试者的详细说明,以及知情同意的全过程,如受试者的问题和研究者的回答、受试者表示充分理解并愿意参与临床研究、风险和预防等相关内容,否则不符合政策的初衷。

(3) 区分药物临床研究和诊疗活动中侵犯知情同意权的不同认定标准

在常规医疗中,仅有无行为能力或限制行为能力人的知情同意不具备法律效力,必须经其监护人批准或认可。在临床药物试验中,也必须严格保障受试者本人的知情同意,并保障其知情权。当受试者本人与监护人意见不一致时,即使本人的民事行为能力不健全也必须以本人的意见为准,监护人的意见不能代替本人的意见,这只是对主体知情同意权的补充。考虑到两者的区别,建议尽快出台相关司法解释,明确侵犯普通患者和受试者知情同意权的标准,统一法律适用。

(4) 完善知情电子同意相关规则

① 电子同意声明的内容。电子同意书的内容应通俗易懂,使受试者能够充分理解,必要时,应提供视频、音频等,便于受试者理解。鉴于某些受试者可能难以使用电子系统,如缺乏理解力、视力不佳,应采取措施确保电子同意程序适用于这些受试者。

② 电子同意的过程。电子同意过程应确保受试者有足够的时间考虑研究过程中可能出现的风险和收益但不限于风险和收益。执行知情同意过程的研究人员应在电子同意书上提供他们的联系信息,以确保他们可以随时回答受试者提出的问题。按照自愿参与研究的原则,每个人都可以在研究的任何阶段退出,并且有不被歧视或报复的权利。

如果整个过程是远程进行的,则应以电子方式记录受试者的所有交互式应答、见证人或其他相关方,并确保应答的内容不被更改。

③ 研究人员培训。如果研究者要授权其他人履行该职责,应由具有足够教育、培训和经验的合格人员执行。研究者应向潜在受试者提供足够的研究信息,使其作出自愿参与临床研究的知情决定,帮助受试者了解电子信息的内容,并让受试

者有足够的时间提问和考虑是否愿意参与临床研究。

④ 受试者身份确认和隐私保护。可使用安检问题、指纹、面部识别、视频匹配等来确认个人身份。在获得知情同意后,支持电子知情同意的计算机系统必须设置访问权限,并采取措施确保受试者身份和个人数据的机密性。电子同意应有适当的程序,要确保电子文件得到妥善存档,并且电子同意书的所有版本都可以被快速、全面地检索。该系统应具有审查跟踪能力,以捕获对电子同意书的任何更改、更改人员的身份、更改的原因以及更改的日期。

(5) 特殊人群知情同意

① 对弱势群体的研究。应制定法律法规以确保选择弱势群体作为研究对象必须有明确的理由,并确保采取严格措施保护他们的权利。

② 对儿童的研究。应制定更完善的相关法律法规,以确保对有必要对儿童群体进行的相关研究是可行的,确保目的是从中获取一些有关儿童健康的基本知识,并须获得每个儿童的父母或法定监护人的相关许可,同时要充分尊重儿童拒绝或放弃继续或参与研究计划的个人意愿。

③ 对无充分知情同意能力的人进行的研究。应制定更完善的法律法规,以确保对无充分知情同意能力的人进行研究是必要和可行的,确保研究的目的是获得与特定病人的健康需求有关的知识,尊重受试者拒绝参加研究的意向。

④ 孕妇作为研究受试者。应根据国家法律法规进行资格审查,研究者和医学伦理委员会都应确保所有参与妊娠研究的受试者均已充分了解参与此项妊娠研究的益处和风险。

3. 智能化临床研究

(1) 完善我国智能化临床研究法规体系

目前人工智能相关临床概念在国内逐渐被普及,智能化临床研究也开始得到药监部门等的积极认可和资金支持。从无到有地建立起相对科学完整的法规体系和一套完善高效的监管制度还有很长的路要走。欧美一些国家智能化临床研究的相关法律法规正日趋完善,值得我国借鉴。我们需要建立更符合当今我国医学国情的智能化临床研究法规,比如在电子病历知情与同意、DTP、远程医学监护、家庭护士等方面建立科学可行的法律规制。为推进临床试验的持续智能化和发展创新提供一个科学且有效可靠的应用指南。

(2) 加强临床研究智能化意识及法规培训

大多数研究人员对智能临床研究仍然缺乏系统、全面和深入的了解,尤其是在具体的实际操作方面,如对临床监护仪开放后的远程监护、什么是DTP药店、如何通过药店等。建议可参照FDA的最新做法,药品的注册监督管理部门规划设立专项的资金,组织业内专家团队或委托业界有专业经验的独立第三方机构,开展智能化临床研究的专业培训或多方专家研讨等。培训资料可以发布到互联网上,供研究人员和其他从业人员随时学习。

(3) 积极建设临床研究智能化应用平台

为了迅速适应美国临床研究中心的数据智能化发展趋势,美国 FDA 于 2018 年推出了 MyStudies 应用程序,使项目申办者能够通过其 MyStudies 自动获取病人的临床真实健康数据,如电子病历管理系统、疾病在线记录查询系统以及便携式可穿戴系统。建议我国相关药监部门组织行业协会、申办研发企业和合作研究组织(CRO)的相关专家,对基于智能平台开展的研究项目的关键操作及流程细节进行系统深入地分析调研,评估可能影响其研究质量进展的各种重大潜在风险。研究人员可建立智能临床研究操作管理平台,开发相关医学应用分析软件,促进开展智能化临床研究。

2.5.3 临床研究医院法制的政策难点及转向

1. 拓展性临床试验的政策难点

(1) 研究者的困境

一方面,拓展性临床试验中使用的在研药物未获国家审批上市,在其实际使用的临床过程中,可能会伴随产生多种无法充分预测的潜在副作用。由于拓展性临床试验的启动主要取决于患者的意愿,这对患者在接受治疗前的知情同意提出了更高的要求。因此,研究者和患者都必须在进行研究之前充分沟通风险和益处。同时,研究方还必须尽早制订出完善的风险预案,以及时应对患者用药治疗过程中可能出现的身体损害。

另一方面,符合临床试验条件的患者,可能为防止被分派至对照组,而选择参与拓展性临床试验,这会破坏用药组与对照组之间的平衡,在一定程度上影响了临床试验的正常进行。进行拓展性临床试验治疗的患者往往并不满足进行普通药物临床试验治疗的需求。如果在治疗中患者出现了副作用,将很难充分判断是因用药而产生的副作用还是因患者本人身体状态而产生的,为了满足对终末期疾病或者某些罕见危重患者的个人治疗需求,很可能会侵害更多普通患者群体的医疗权益。

(2) 发起者的困境

对于药物申办者来说,"成本可能超过收益"是其进行拓展性临床试验时的一个不可忽视的考虑因素。事实上如果一家制药公司选择作为药物申办者,其更直接的动机和更为根本的目的应该是为了获得更客观有利的研究数据,来进一步支持其申请药物的上市。尽管如此,药物成本昂贵和其他额外的药物风险仍然严重阻碍着许多医药公司开展拓展性临床药物试验计划。大多数国家的拓展性药物临床试验项目的申请通常由专业医师单人发起,作为发起者的医师们不仅要承担一些潜在严重的临床药物风险,还可能面临更为复杂棘手的医患问题。与普通的药品审批不同,该申请往往需要由申办者在相对较短的准备时间内填写大量详细的注册申请文件,这无论对于制药公司还是医生,都会消耗大量的精力。

以上种种困难都不利于有效推进拓展性临床试验。

(3) 审查难点多

拓展性临床试验使用了安全性和临床有效性未经严格证实的新药物,其主要问题仍然是如何确保拓展性临床试验的益处大于风险。

部分国家还要求开展拓展性临床试验需事先经伦理委员会审查批准。我国尚未进一步明确风险评估的责任方,这一点无疑又给审核程序带来一些实质性障碍,而临床医生和制药公司是病情判断和保障药品供应的第一责任人,当评估责任不明确时其风险较明显,会降低其开展试验的积极性。

鉴于存在一些特殊用药现状,理论上还是要求拓展性临床试验的审评尽可能迅速高效准确地进行,但在目前的临床实践中还无法完全做到,因此必须兼顾临床安全、有效性和风险评估研究。《管理办法(征求意见稿)》中还明确补充表示,目前拓展性医学治疗的审评周期大约为30天,而目前确实有部分危重患者的最长生存时间可能不到一个月,不能排除此类患者在审核通过之前已经死亡的情形。如何尽可能将这种高度的不安全疾病的治疗用药的风险损失降到相对最低,同时如何让那些危重疾病患者得到合理有效的治疗,是药物审评鉴定工作面临的一大新挑战。

2. 拓展性临床研究的政策转向

(1) 完善法规和配套政策,推动制度落地

我国目前已在法律层面建立了拓展性临床试验用药制度,下一步需要适时修订《中华人民共和国药品管理法实施条例》,尽快详细说明相关内容,并将其纳入现行的《中华人民共和国药品管理法》中。

国家药品监督管理局应尽量加快征求各方对《管理办法征求意见稿)》的意见,使该审议制度可尽快启动实施。

(2) 加强信息公开与风险预案工作,化解研究者困境

主要源于下述两方面问题的综合考虑:一方面是考虑如何妥善解决一些符合临床试验入组条件的患者倾向于选择拓展性临床试验的问题;另一方面,接受拓展性临床试验药物治疗后的患者所出现的某些副作用是否会影响这些药物的上市。

一些患者可能因为对某种药物疗效的主观期望很高而忽视或低估了在研药物的危险性,因此广泛传播临床试验的有关知识、提供更多有效信息、树立正确积极

的用药观念将是落实知情权的关键第一步。建议在官方层面搭建一些专门公开的药品平台,增加临床信息的公开程度和透明度,这样既能保证临床患者对拓展性临床试验的正确认识,又能进一步提高广大患者获取最新药品信息的效率和准确性。

此外,临床研究者亦应充分获得广大受试者的知情同意,对于对照组受试者,应在试验结束并已确认相关药物的治疗有效性和应用安全性后,能够确保其能尽快使用该系列药物进行临床治疗。此外,为应对严重不良反应的发生,伦理委员会必须在药物伦理风险审查评估阶段进行药物风险审查评估,制订药品应急风险预案,明确药物副作用发生风险后实施的相关应急措施,评估现有制药企业的药物警戒能力。若不良反应较少则仅做备案记录。但是,如果药物出现多例严重不良反应,则应在此类药物首次上市前进行进一步充分的用药安全性再评估。

(3) 明确系统运行中的责任分配,解决发起者的困境

在制定拓展性临床试验管理条例时,应明确患者、研究者(医师)、制药企业和临床试验机构的权利和责任,以尽可能避免风险,实现各方权益的均衡。

针对患者、医疗机构和制药企业的需求,有学者进行了调查。结果显示,患者的需求是可以得到有效的治疗,并在出现危险后能获得及时的权益保障;医疗机构的需求是不负任何额外的责任,并且其运作的程序应该尽可能地简化;企业的需求是从药品注册中获利,至少不会对注册造成不利的影响,承担更少的成本和义务。

医师应有权获取临床试验资料,监督病人治疗,及时上报不良反应。制药企业应有权获取试验资料,将其用作辅助药品上市的补充资料,拒绝授权用于单人拓展性临床试验的药品,并负责提供所需的初步试验资料和药品信息,培训研究者,分发和回收药品,监测和报告药物的不良反应,定期报告临床试验状况。临床试验机构和伦理委员会应有权审查拓展性临床试验的申请,监督使用药物,一旦发现不合理的情形,有权决定中止和是否重新开始,并且负责审查试验期间的风险评估。

为帮助医师、制药公司和临床试验机构避免一定的法律风险,在订立临床试验协议的过程中,有必要适当设定一些豁免条款,协议还应明确约定不良反应发生后的责任划分和赔偿补偿事项。除此之外,保险公司、信托基金和其他第三方平台等亦可以用于分担风险,解决拓展性临床试验运行中的各种经济困难。

(4) 建立有效的准入和监督体系,突破审查难点

按类别需要创建各种不同形式的申请审批的渠道。大多数国家或地区根据不同的类别确定发起者和发起条件。在现阶段,按照患者申请审批的数量情况,我国分类申请可以分为单个患者的申请审批和群组患者的申请审批。单个患者的申请审批对象还可以分为紧急患者和非紧急患者。在此基本前提下,还应尽可能拓展目前的发起人范围,即由医生在取得患者知情同意的情况下,发起单个患者拓展性临床试验申请,而两人或更多人的群组患者申请则由制药公司(注册申请人)申请。

建立灵活多样的审核体系。建立高效审核体系的工作核心是要确保审查路径和提交申请材料步骤的规范化,能够灵活快速应对紧急情况的申请。要特别明确《管理办法(征求意见稿)》中所用药物的"初步疗效和安全性"这个概念。为了能实现高效灵活的审查路径,每个机构通常还应根据需单独设立一些专门的部门或小组。比如,为了尽量节省医生准备检查材料等的时间,可以设立几个专门审查小组并进行业务协助,同时建议国家药监局药品审评中心下设拓展用药处,省级药品监督管理局等也应考虑增设相关部门,协助审核和监督工作。

多方广泛参与,形成联合监管或协同。自新药临床研究试验开始,各方就必须紧密关注并合力监管。医生、制药公司负责人和相关临床试验机构工作人员必须依法及时有效监督并上报患者的不良反应。对于慢性病,医师应自觉控制用药与给药周期,定期详细报告用药情况。内部伦理委员会、省级伦理委员会办公室和国家药品监督管理局应尽快将其相关监管情况纳入常规临床试验检查工作。同时,建立拓展性临床试验公示制度,接受第三方监督调查。受试者一旦出现临床药物副作用,应给予及时检查和处理,研究中断后应立即召回药物,保证药物的可追溯性。

3. 处理临床研究中利益冲突的政策转向

我国每年进行的新药临床试验接近千项,其中大部分试验费用来自于生物制药公司。虽然试验中的利益冲突问题明显,但是由于长期以来国内对药物临床试验研究者利益冲突重视程度很低,对该问题的监管也基本空白。针对由此产生的一系列社会负面影响,政府需要采取相应举措加强管理。

(1) 加强对新药临床研究人员的教育培训

教育培训应采用强制的方式,确保每个研究者在进行新药临床研究之前都进行了学习。

在培训的重点上,首先要强化研究者对利益冲突的类型、风险和预防的认识,只有正确辨识了临床试验中的可能冲突风险,在了解了利益冲突风险的前提下,才能够有针对性地约束改正自身不合规行为,从而主动降低或者避免冲突行为的出现。

其次,要强调研究者职业道德的培养。研究者只有遵循高尚的道德,才能够把患者利益放在首位,而不被医药公司的利益诱惑所影响。

最后,做好研究者临床研究能力的培养,研究者需要具备熟练的试验技术和丰富的临床实践经历,才能够编制出科学的临床研究计划,并严格依据临床研究计划进行,防止实践中不合规情况的出现,以此保证临床研究结果的科学性、正确性。

(2) 强化药物临床研究机构的监管职能

药物临床研究机构作为临床研究的主要承担单位,对研究者的临床研究行为有很大影响,同时也有义务对其实施监管。当前,尽管各机构都设置了伦理委员会,并对临床试验伦理实施统一管理,却并没有对研究者的利益冲突实施审查和监督。为此,建议临床研究机构完善伦理委员会职能,并强化其对研究者利益冲突的审查和日常监督。

同时,临床研究机构还应当建立一套内部的利益冲突评估、日常控制和利益冲突处理指导文件,以加强对利益冲突的有效控制。具体来说,指导文件需要明确如下几方面信息:哪些因素可能会产生利益冲突;研究者和企业之间的什么利益问题需要及时向伦理委员会通报,以及何时通报;当研究者和企业之间的利益关系影响到研究者的临床研究行为时,应当怎样避免利益冲突;伦理委员会怎样对研究者和企业之间的利益问题实施监督,出现了问题怎样解决等。

(3) 发挥行业协会、期刊等的引导功能

行业协会在本行业中拥有相当的权威,它通过制定本行业的有关规章和标准,对同行的管理和约束有着独特作用。外国药物领域的有关协会,在促进本国临床研究者利益冲突管控方面起到了非常重要的作用,我国当前有覆盖国内大部分医药临床研究机构的医院协会,也有药物临床研究领域的专门协会,应发挥它们在药物临床研究领域的引导功能,并通过出台更适合于我国国情的研究者利益冲突行业准则,以约束国内研究者的不规范行为,引领行业健康发展。

目前国际上主要的医学期刊都规定学者在发表试验论文前,应当进行利益冲突披露说明,公开其与公司之间存在的经济利益关联,这种规范在控制研究者利益冲突行为上已发挥出良好的效果。医学期刊是传递医学前沿信息的重要载体,应当主动承担其重要责任,建议国内外医学期刊共同制定利益冲突声明制度,将弄虚作假的学术论文作者纳入黑名录,短期内不再刊登黑名录内作者的学术论文。

(4) 建立药物临床研究者利益冲突的政府监管体制

欧美的一些国家,早在20世纪90年代初就已经对临床研究人员利益冲突问题予以了高度重视,并出台了一系列政策对此类问题加以严格控制。但是,我国监管部门对研究者利益冲突问题基本上长期保持着零监管态势。所以,我国当前亟待形成一个健全的法律监管制度来防止利益冲突行为的出现。该法律监管制度应涉及利益冲突行为的法律定义、监督主体、监督手段和法律责任范围等,尤其是在法律义务责任方面,对于新药临床实践中的重大利益冲突行为,可考虑取消研究者的临床研究资质,不受理公司的新药物上市申请;构成犯罪的,将依法追究刑事责任,以对研究者和公司形成强大的震慑效果。

2.6 临床研究医院法制办公室建设

随着医疗模式的转变,临床研究医院的功能也将相应扩大,临床研究医院的合法设立成为亟待解决的新问题。设立法制办公室是临床研究医院的必然发展趋势。

2.6.1 法制办公室的职责

临床研究医院法制办公室的建立,实现了临床医院法治建设专人、专职、归口统一管理的机制。临床医院法制办公室的主要职责应包括:

① 对临床研究医院贯彻遵守临床研究法律法规的情况进行监督检查。
② 处理临床研究医院的诉讼、仲裁、行政复议等相关事项。
③ 依法处置临床研究医院医患纠纷,对接行政机关行政执法检查工作。
④ 负责临床研究中违法行为的处置工作。
⑤ 负责临床研究管理相关法律、法规知识和临床研究相关法律数据的统计、收集、整理和研究。
⑥ 负责临床研究法律信息交流咨询、科普、宣传、培训等业务工作。

为确保临床研究有章可循、有据可依,法制办公室可通过制订工作职责、保密工作制度、法律纠纷处理承办流程、法律咨询处理流程等,做到责任落实、分工专业、流程清晰。

涉及诉讼案件的科室全力配合法制办公室应对诉讼,包括参加鉴定会、必要时出庭应诉等,凡是不配合的科室或人员将给予相应处理。坚持凡是在院内或经医调委无法调解的医疗纠纷,按司法途径解决,由医院法制办牵头积极应对诉讼。对于所有诉讼案件,要求法制办与法律顾问先行介入,会同临床医生召开病例讨论会,预先评估法律风险,全程参与诉讼案件,会同法律顾问调查取证、开庭答辩、病例鉴定、法庭调解等。

举办临床研究医院工作人员法律执业知识培训;组织实施全面自检、专项自查等;对临床研究医院法律执业状况开展风险评估;及时制止、纠正、报告违规执业行为;监督临床研究医院依法执业整改;对自查发现的依法执业问题提出奖惩建议等。聘请法律顾问作为医院伦理委员会委员,所有引进型和推广型临床诊疗新技术均必须通过伦理委员会审核后方能开展。为预防法律风险,定期组织病历书写培训,会同法律顾问及时修订完善患者"知情同意书",通过多种途径确保研究机构依法执业、人员持证上岗、技术依法准入。

2.6.2 法制办公室的功能

法制办公室的功能包括以下内容:
(1) 推进临床研究医院工作法治化

临床研究医院工作法治化如何开展,规划和年度计划草案如何完成,临床研究医院建设过程法治化需要具备哪些条件,都需从工作的全局出发,整体考虑。这是一项复杂而全面的工作,只有通过综合分析、综合整理、统筹规划和总结才能完成。

(2) 促进临床研究医院行为规范化

临床研究医院的各个方面都涉及法律权利、法律事项、法定程序、法律责任和义务等。临床研究医院有哪些责任和权利,哪些行为是合法、不正当或非法的,必须经审查确定。临床研究医院内部和外部事务的规章制度和程序也必须由临床医院的法制部门审查和规范。

(3) 提高临床研究医院的整体法律意识

通过制订和实施法制宣传教育计划,对员工进行培训和指导,提高医院整体法律意识,促进各业务部门依法开展具体工作,增强医院依法办事的责任感和自信心。

(4) 监督各部门依法推进临床研究工作的具体情况

临床研究医院法制办公室检查监测临床医院法制工作推进的具体情况,及时提出建议,并号召医院职能机构及其工作人员依法开展工作,维护法律的权威性。

(5) 保护临床研究医院及工作人员的合法权益,维护患者的合法权益

临床研究医院法制办公室通过依法解决医患纠纷、参与诉讼仲裁等法律事务,不仅维护临床研究医院的合法权益,还能在临床研究存在不符合法律及行业规则时,纠正临床研究工作人员的不当行为,维护患者合法权益。

2.6.3 法制办公室的工作路径

强化临床研究医院法治建设。建设健全的依法决策制度,严格规范执法决策程序。促进临床医院严格依法依规开展业务管理和诊疗活动,并严格遵守各类诊疗技术标准和行为规范。

加强对医务人员的法律法规专业知识培养和普法教育。推动院内协调、人民调解、司法协调、医院风险分担制度的有机整合,稳妥化解医疗纠纷问题。对涵盖

临床研究业务全过程的医院质量监督管理和防控工作实施法制审核,强化对重点科室、重点环节、重大技术问题的合规审核,促进合理检查、用药和治疗。健全临床路径管理制度,检查临床研究管理制度是否合规,建立临床路径管理工作体系。

提高临床研究医院工作人员的法律意识。临床研究医院法制建设的实施和推进需要医院每一位员工的参与。这就要求法制办公室加强对所有临床研究医院工作人员的培训,建立全面的法制建设参与模式,增加普法讲座的数量,完善员工参与机制。例如,在法制教育培训中建立专门的培训考核机制,对考评成绩较高的人员实施一定奖励。法制办可进行形式多样的普法教育,如讲座、案例分析、情景模拟等。

营造良好的法制环境。为有效推进法制建设,法制办公室还必须营造良好的法制建设氛围。比如,每年开展两次以上的普法知识大型讲座,并邀请医疗专业人士、法学专家以及公安系统的资深专家开展普法知识讲座。从实际事例入手,使参加普法教育的人员更有真实感和认同感,进一步丰富普法教育内涵。利用每月一次的法制小讲座,增强职工的法律意识,掌握最新的法律动向,掌握医疗合同的法律风险和医疗纠纷的处理办法,进一步增强全员法律意识。

为临床研究医院法制管理提供强大的法制风险预警系统。临床研究医院的法律风险预防体制仍需不断完善,保证依法决策、依法审批、依法监管,以避免法律风险,并提升法制建设水准。医患纠纷、患者投诉等应当通过法制渠道处理,不能"暗箱操作""私下解决"。对于一些故意扰乱医疗秩序的问题,应采取法律手段解决。只有逐步健全科学完善的医疗纠纷化解体系,确保用现行法律手段及时、科学、稳妥地解决此类事件,充分保护患者和广大医务人员的合法权益。

2.7 本章小结

本章探讨临床研究医院建设的法律规制,分析临床研究中的患者权利义务及临床研究的行为约束、责任分配、法律风险,探讨临床研究医院的法制现状及突破难点、未来转向,以期进一步完善临床研究的法律规制,更好地保障患者权利义务,规避法律风险。

第 3 章 临床研究医院建设的伦理规范

对于临床研究医院而言,先进的专业技术和高尚的伦理道德,如鸟之两翼,不可偏废。临床研究医院建设的伦理规范主要指临床研究行为的伦理约束。在临床研究医院的建设过程中,临床研究多元参与主体的道德水平以及对伦理规范遵守程度,将对医学技术的实践选择、试验用医疗新产品的使用、受试者权益的保护和科研诚信等方面产生广泛而深远的影响。然而,法律法规的缺漏、监管体系的不完善、医院制度和医疗行为的复杂性,使伦理规范的履行面临严峻挑战。这就要求临床研究医院在建设和运营过程中充分遵循既有的伦理规范,发掘医学伦理委员会的职能和潜力,灵活且有针对性地应对新情况和新技术引发的伦理问题,维护患者的切身利益。

3.1 临床研究医院建设中的基本伦理规范

一般意义上的临床实践是通过诊疗措施来实现患者群体健康权益的活动。临床研究是在临床中进行的探索验证活动,其目的是得出普遍性的医学结论,未必能满足每位受试者的健康需求。故临床研究医院的核心业务并非门诊、急诊、检查和手术等传统的诊疗活动,而是一系列与人体有关的医疗新产品临床试验,尤其是拓展性临床试验。相应地,除不伤害原则、有利原则、尊重原则和公正原则等医学伦理学基本原则外,临床研究过程更侧重研究的科学性和伦理合规性。临床研究医院在建设过程中,应特别关注药物使用、人体试验和科研诚信相关的伦理规范,及时防范潜在的伦理风险。

3.1.1 药物使用的伦理规范

药物是事关公众生命健康的特殊商品,药物使用的伦理规范和药品监管法律一样,是约束药品研制与开发、生产与销售、使用与管理的重要手段。在药物使用的众多环节中,临床研究医院参与了药物的采购、配置、诊疗和试验。本节主要讨论与药物有关的前三个环节,而与药物试验相关的伦理规范将在"与人体试验相关的伦理规范"一节中具体展开。

1. 采购药物的伦理规范

医院所用的药物最终都会被运用于科研或临床。因此,药物采购者应当从医院和患者的利益出发,履行如下伦理规范:

第一,全面提供药物信息,帮助医生作出正确的用药决策。

第二,做好品类管理,充分满足用药需求。在此过程中,采购者既要关注过往的药物购进和消耗数据,又应及时与科室医生保持联系,随时调整采购数量,同时还须对当地多发病、季节性疾病的用药保持关注。

第三,认真把控药物质量。药物采购者应在下述方面对药物进行检查:① 是否附有卫生药政部门的批准文号;② 药物的成分和规格是否符合要求;③ 是否存在变质和虫蛀的现象;④ 是否处于有效期内;⑤ 是否存在混装现象。

第四,节约开支,执行科学的采购计划。从根本上说,药物采购会同时涉及国家、医院和病人三方的利益,在确保疗效的情况下尽力寻求价格更低的药物,不仅为国家和医院减少了开支,也减轻了病人的用药负担。

2. 配制药物的伦理规范

除采购的药物外,医院还会在临床中大量使用自己配制的药物,这便对制剂人员提出了特殊的伦理要求。

第一,严格执行制剂规范。医院生产制剂之前,应当先经过上级部门批准,取得《医疗机构制剂许可证》。在制剂过程中,相关人员应严格按照《中国药典》规定的标准选用原料和辅料,并确保场所的卫生和清洁。

第二,及时更新废物处理技术,正确处置制剂造成的废水、废气和废料。如果对"三废"处理不当,不仅会污染制剂环境,还会对周围人的生命健康造成威胁。

第三,科学使用设备和原料。对于重要的仪器设备,应当采用"四专两定制度",即专室装置、专台置放、专人使用、专人保管、定期检查、定期保养。对于原材料的使用也需准确,避免因投放的品类或数量产生差错而影响制剂质量、造成浪费。

3. 药物诊疗的伦理规范

药物诊疗是医生使用药物的最后阶段,即决定为患者开具何种品类、剂量的药物。研究显示,我国不合理用药的现象广泛存在,表现为重复用药、交叉过敏、超说明书用药等。因此,临床药物的选择应当兼顾医学与伦理学的要求,谨慎负责。具言之,医生应在药物诊疗阶段履行下述伦理规范。

第一,严守安全红线。对于医生来说,用药如用兵,在临床实践中因为用药失误导致病情加重或延误的现象并不罕见。因此,用药医生应特别关注药物的副作用和一些效能突出但排泄较慢的药物,避免药物的滥用。

第二,因人施治,灵活调整。药物的疗效和毒副作用往往会受到患者年龄、体重、体质和重要脏器功能的影响,即药物效果具有显著的个体差异性,这要求用药医生及时调整药物的种类和剂量,减少药源性疾病的发生。

第三,遵守法规,接受监督。在给药的过程中,医生应做到不违法使用麻醉药品、医疗用毒性药物、精神药物和放射性药物,不使用假冒伪劣药品,严格执行《中华人民共和国医师法》第二十八条的规定。同时,医生在用药过程中应当自觉接受药剂人员、护士和患者的监督,发现错误时及时更正处方和医嘱。

3.1.2 与人体试验相关的伦理规范

人体试验是将人作为研究对象,由研究者运用科学的试验手段对其进行研究和观察的医学行为和过程。人体试验是临床研究的核心环节,通常情况下,动物试验的研究成果必须通过人体试验进行验证,才能确认其临床价值。然而,在医学技术进步的同时,滥用人体试验的现象时有发生,基于人体试验的风险性和危险性,有必要从伦理层面对其予以规范。

1. 符合医学目的,流程科学合理

该伦理规范是对人体试验的总体要求,涉及试验的方方面面。一方面,医学目的是人体试验唯一正当的研究目的,即人体试验必须以增进人类健康为根本目的,除此之外,任何以人体试验为名的研究都是不道德的。具体来说,人体试验的目的又可以细分为三种:加深对疾病病理和发病机制的了解、开发或完善医疗器械以及进行相关药品的研发和改良。另一方面,试验的流程必须科学合理。人的生命是不可逆的,这就对人体试验的科学性与合理性提出了极高的要求。研究者应审慎处理试验全过程,最终达到以下标准:第一,试验应以可靠的动物试验为基础;第二,试验本身符合普遍认可的科学规律;第三,试验程序科学完备;第四,应在不损害受试者的情况下设置试验对照组,并确保该过程的公平性和准确性;第五,对试验流程采取必要的监督。

2. 公平选择受试者

公平选择受试者是指,将部分群体纳入或排除在受试者之外应当具备科学且充分的理由,防止形成对弱势个体或群体的剥削,或者导致研究受益和负担的不公平分配。这是因为,如果受试者未涵盖某一特殊群体,那么试验结论是否可靠、对应药物是否可以用于这一群体便是可疑的。比如,如果一项临床试验未纳入妇女、儿童或少数族裔,相应的研究成果也很难应用于这些群体,至少需要进一步验证。

此外，在公平选择受试者的过程中，还应当注意两点：一方面，公平选择受试者要求我们将知情同意能力纳入考虑，原则上应当先选择成年人后选择儿童，成年人群体中也要先选择具有知情同意能力的成年人再选择无知情同意能力的成年人；另一方面，公平选择受试者并不排除对特定群体的额外保护，"公平"不是"相同"，如在将孕妇、胎儿、儿童作为受试者之前，应当征求其近亲属或合法监护人的允许。

3. 充分保障受试者利益

充分保障受试者利益是人体试验首要的伦理准则，即科学研究的重要性应服从于受试者的切身利益，人体试验在任何情况下都应把受试者的利益放在优先地位。该方面规范较为分散地呈现在《世界医学协会赫尔辛基宣言》中，反映了受试者利益和科学利益的协调。概括起来，该方面规范的主要内容包括四点：第一，总体而言，受试者的健康和利益必须始终高于科学和社会利益，否则便不能推进试验，一旦出现意外风险，当其严重性大于或趋于试验的科学价值时，应当立即终止试验；第二，在试验过程中，对受试者采取必要的安全措施，将相关损伤降到最低，体现以有伤为前提的无伤原则，即有伤是短暂的、可愈的，无伤是总体的；第三，如果受试者遭受伤害，应当给予必要的补偿和治疗；第四，为防止造成虐待或额外的伤害，应对受试的弱势群体给予更为全面、彻底的保护。

4. 知情同意

知情同意（Informed Consent）是指有能力理解这些信息，没有胁迫和不正当压力的有效同意。一般认为，知情同意是人体生物医学研究的核心伦理准则之一，它源于《世界医学协会赫尔辛基宣言》的第25～32条。我国2010年颁布的《药物临床试验伦理审查工作指导原则》也在附件中对知情同意的诸多细节作出了规定。因此，知情同意被赋予了丰富的内涵，其具体内容囊括六个方面：第一，完全告知，即为受试者提供充足的信息，具体应包括试验目的、方法和预期收益等，还应当特别告知受试者拒绝或退出试验的信息；第二，充分理解，以上告知的内容应当通俗易懂，符合受试者的理解水平，研究者有责任弄清受试者是否已经理解告知的信息；第三，自主选择，受试者在完全自愿的情况下作出是否参与试验的决定，并签署书面的知情同意书；第四，受试者有权随时更改、中止原有的知情同意；第五，该知情同意书应符合《药物临床试验伦理审查工作指导原则》所要求的各类信息，如试验目的、期限、潜在风险、报酬、保密情况和损害赔偿等；第六，如果需要免除知情同意，需要由医学伦理委员会进行审查批准。

5. 隐私保护

隐私权是我国公民的法定权利，在人体试验领域，我国的《药物临床试验伦理审查工作指导原则》以及国际上的《人用药品注册技术要求国际协调会议——临床试验质量管理规范》和《世界医学协会赫尔辛基宣言》，均对受试者的隐私保护提出了要求。《涉及人的生物医学研究伦理审查办法》第十八条更是明确规定,涉及人的生物医学研究应当符合保护隐私原则。概括起来,隐私保护的伦理内涵包括:第一,隐私信息的收集应以知情同意为前提,研究者应如实将隐私信息的保存和使用情况告知受试者;第二,对受试者的隐私信息进行加密处理,掩去姓名、年龄等可能识别身份的信息,降低信息的可识别性;第三,妥善保存任何可以识别受试者身份的材料,将研究文件单独存放,避免信息的非法或者未经授权的查阅、公开、散播、修改、损毁;第四,未经允许,不得向第三方透露受试者的隐私信息,试验结果的公开并不导致研究者隐私保护义务的减除。

3.1.3 科研诚信的伦理规范

科研诚信并不是一个精准的学术定义,在我国的相关政策中,既有从正面阐明科研诚信的文本(从何为"科研诚信"入手),也有从反面论述科研诚信的内容(对"科研不端行为"进行界定),甚至出现了与科研道德、学术诚信等词混用的情况。《关于加强我国科研诚信建设的意见》指出,科研诚信的内涵包括对追求真理、实事求是、崇尚创新、开放协作等科学精神的追求,以及对相关法律、道德准则、行为规范的遵守。总体而言,科研诚信应具有如下特征:其一,普遍性,科研诚信是每名科研工作者、每个科研机构都需要遵循的道德义务,不受时间和空间的限制;其二,规则性,科研诚信兼具法律和道德的特性,能够对个体和机构形成有效的约束和制裁;其三,自律性和他律性,科研诚信是自我约束和社会约束的集合,科研诚信既是科研工作者对自身的要求,也是外在的纪律和标尺;其四,止损性和资质性,一方面,科研诚信的约束作用避免了科研资源的浪费,降低了科研不端行为对公众和社会造成的损失,另一方面,科研诚信对科研工作者的资质和名誉也是一种保护,对个人亦具有积极作用。具言之,科研诚信的伦理规范可归纳为观点原创、治学严谨、署名正当和善用经费四个方面。为划清正当与失当的界限,以下伦理规范将侧重描述其反面,即何为科研诚信的不端行为。

1. 观点原创

拒绝抄袭,观点具有创新性是科研发表的底线。在世界各国,均将剽窃、抄袭等行为视为违反学术伦理的行为。在我国,挪用、照搬他人的独创性观点不仅违反《中华人民共和国著作权法》,也属于明文规定的学术不端行为。具言之,违反论文原创性要求的行为主要包括:直接复制、粘贴他人的论文内容,在查重系统日渐普及的当下,此类抄袭行为能够被有效遏制;间接利用他人的独创性观点或数据,此类行为相较于直接抄袭,形式更加隐蔽、多样。对于借用他人观点和论据,删减、拼接形成一篇新文章的手段被称为"洗稿"。随着文字改写工具的普及和学术期刊的数字化,需要对科研领域的洗稿行为予以重视。

2. 治学严谨

科研工作的周密性和规范性决定了科研工作者应当严肃、认真地对待试验和论证。因此,科研工作者还应当秉持严谨的治学态度,确保论证过程的真实可靠。一方面,要确保数据的真实性。《关于药物临床试验数据核查有关问题处理意见的公告》第二条罗列了7类数据造假行为:① 在无合理解释的情况下对受试者信息、药物信息、试验数据进行修改;② 使用虚假试验用药物;③ 刻意隐瞒、舍弃或选择性使用试验数据;④ 隐瞒或漏报与临床试验用药相关的严重不良事件;⑤ 瞒报或漏报禁用药物;⑥ 故意损毁、隐匿数据及其储存介质;⑦ 其他故意影响试验数据真实性的行为。另一方面,要确保图片的真实性,在医学领域尤其如此。在生物医学领域,许多涉嫌造假的负责人在回复举报或调查意见时,常常以"图片误用"搪塞,掩盖课题组翻转、复制、重复使用图片的情况。在国家自然科学基金委员会公布的2021年第三批次不端行为案件处理决定中,就有部分"图片误用"情况最终被认定为图片的复制、旋转和篡改,相关负责人已被追究责任。此外,图片拼接、伪造电泳图片、调整亮度或对比度也是常见的图片造假行为。

3. 署名正当

是否为作者以及作者的排序,是衡量科研工作者对研究实质贡献的核心指标。然而,在实践过程中,署名不当的情况时有发生。第一,在署名中加入无实质性贡献的作者。除填写错误、更换单位等合理原因外,多数在论文定稿后增删作者的情况很可能属于挂名、搭便车行为。第二,大量使用"同等贡献"的署名方式。研究发现,近年来,科技期刊中"同等贡献"的作者署名呈井喷式增长,其背后既有作者贡献难以量化的合理因素,也存在换取职称评定、基金申报优势的利益驱动。第三,署名顺序出现混乱或遗漏。如出于课题负责人的要求,将对论文有实质贡献的作者排名推后,而将与自身有合作关系的作者排名提前。第四,未经他人同意,盗用他人署名。如在实践中,曾出现作者为提高文章的录用率,擅自将他人列为论文作者,而被盗用署名者对该成果完全不知情的案例。这在客观上虽然提升了稿件的录用可能,但也带来了著作权问题和损害他人名誉的风险。第五,署名人提供虚假信息。因为期刊编辑往往会通过投稿人的职称、学历、机构来对作者的学术能力形成初步认识,故有些作者便通过谎报信息的方式获取科研论文发表的优势。

4. 善用经费

妥善、合理使用科研经费,既是每位科研工作者对国家和社会的责任,也是科研诚信的基本范畴。然而,近年来各科研院所频繁出现科研经费滥用的情况,集中体现为伪造合同、账目和发票,骗取科研经费。在科研经费的管理上,财务部门往往只进行形式审查,疏于对材料真实性的考查。许多科研工作者编造虚假的设备采购合同或技术服务合同,将科研经费据为己有。有学者统计了 66 名科研贪腐人员的裁判文书,发现有 40 位坚称自己的行为不属于犯罪,占总人数的 60.6%。在许多滥用经费的科研人员看来,自己对经费具有绝对的支配权,在使用上具有任意性,这违反了科研工作的伦理要求。

3.2 临床研究医院建设中的伦理问题及解决

临床研究医院的建设是复杂的系统工程,涉及诊疗、试验和科研的方方面面。所有施加于院方的伦理规范,实际上是为患者权益和社会风险划定的红线。然而,一旦落入实践层面,药物使用、人体试验和科研诚信等方面的伦理规范均会产生不同程度的偏差,并具象为诊断阶段、试验环节的伦理困境,以及频繁发生的科研不端行为。这些伦理问题既有我国医院行政化色彩过重、运行机制守旧等内部原因,也有颠覆性技术的产生、法律制度不健全等外部因素。然而,无论是出于医疗工作的伦理属性,抑或是建立良好医患关系、医社关系的客观需求,院方都有必要将伦理规则融入管理进程。临床研究医院有必要加强医务人员和科研工作者的道德素养,并认真追溯各类伦理问题的成因,最终建立统一、权威、可行的伦理治理机制。

3.2.1 诊疗阶段暴露伦理难题

1. 知情同意陷入困境

第一,所涉法律法规并不健全。我国虽已颁行了一系列不同层次、不同领域的有关知情同意伦理审查的规范性文件,但作为医学伦理的后发国家,我国的相关立法仍有诸多缺憾。① 所涉规范性文件较为零散,缺乏体系性。在我国,与人体试验知情同意伦理审查相关的规定散见于《中华人民共和国精神卫生法》《中医药临床研究伦理审查管理规范》《医疗器械临床试验规定》和《涉及人的生物医学研究伦理审查办法》,缺乏一部总括性质的规范性文件。② 所涉规范性文件的法律位阶整体较低。纵观涉及人体试验中知情同意伦理审查的规范性文件,大多数属于部门规章,严格意义上的专门性法律尚未出现。③ 由于立法时间不同、立法部门不一,既有的规范性文件往往各有侧重,甚至存在矛盾和差异,未能做到协调一致。

第二,告知过程未达到法定标准。依据《世界医学协会赫尔辛基宣言》的相关条款和我国《药物临床试验伦理审查工作指导原则》的规定,知情同意的告知应达到充分及时的要求,但落入实践层面,医方的告知常常存在一些问题。其具体表现包括:① 告知不全面,具体表现为收益和风险表达模糊、补偿方式不确定、赔偿责任不明确等。② 受试者未充分理解,受试者签署了知情同意书,并不当然代表其理解了同意书的内容。究其原因,一方面是因为知情同意书的语言往往晦涩难懂,甚至大量使用医学术语和英文,另一方面是医生未充分履行告知义务,没有做好解释工作。③ 知情同意书过分模板化,未根据患者的具体情况进行修改。

据此,为消除知情同意规范在实施过程中遭遇的障碍:① 在立法层面,既要持续推进人体试验的专门性立法,适当提高立法层次,又要充分调和既有规范的矛盾,做到协调统一。② 在制作知情同意书的过程中,研究者应减少术语和外文的使用,对于受试者未能充分了解的信息,应当通过图片、表格的方式辅助其理解。同时,研究者应当依据特殊病、罕见病患者的群体特征,对知情同意书进行适当修改。③ 在告知过程中,医生应尽量遵循《药物临床试验伦理审查工作指导原则》的规定,细化告知说明事项,包括但不限于受益和风险情况、补偿情况、赔偿责任、替代方案、医疗费用和剩余样本的处理和利用。

2. 隐私保护存在难点

随着大数据技术和人工智能的开发与应用,医疗领域的数据呈现爆发式增长,个人信息传播迅速,受试者隐私保护难度加大,任务艰巨。① 在法律层面,我国现行法律仅笼统地提出公民的个人信息应该受法律保护,尚无针对医疗行业的隐私保护条款,对于研究者不得泄露受试者隐私的要求也大多为原则性规定,而对收集、存储、使用和管理的具体环节缺乏约束。② 在管理层面,我国电子病历的管理方式不够规范,调用权力分配失衡。只需要进入医院的终端系统,其他医院和研究机构的授权人员便可以快速获取受试者的病历信息。③ 在技术层面,随着大数据交叉匹配能力的提升,保密技术的作用将越来越有限。当研究范围较为狭窄,或研究的是某些罕见病时,受试者被识别的可能性将显著提高。④ 生物研究本身的特殊性也增加了隐私保护的难度。一方面,生物研究的许多对象(如基因)本身就包含了大量信息,传统的匿名化措施很难充分降低信息的可识别性。另一方面,由于未来生物研究的不可预测性,从本质上说,任何形式的知情同意都是不充分的,受试者缺乏对其隐私信息的实际控制力。

综上所述,针对我国在隐私保护中呈现的诸多难点,可尝试从如下路径加以纾解:第一,完善与受试者隐私相关的法律法规。应当从《中华人民共和国民法典》对隐私权的规定出发,结合新生效的《中华人民共和国数据安全法》《中华人民共和国网络安全法》和《中华人民共和国个人信息保护法》,逐步为受试者的隐私保护提供完备的法律依据。第二,严格控制电子病历的访问权限,防止信息的篡改、丢失和损毁,加大对非本机构人员访问权限的审查力度。第三,改良保密措施和技术,以确保研究流程的私密性,在相对私密的诊室或专用诊室内进行访谈,在系统中采用统一的代码对受试者进行区分,对受试者的隐私信息应当及时归档,并设专人管理,借阅必须登记。第四,制定临床数据的安全等级标准。由于临床数据的复杂性和专业性,在事实上对其进行穷举是极为困难的,因此,可依据数据中个人隐私信息、公众健康信息、医疗决策信息的丰富程度,将临床数据归入不同的等级,并制定对应的安全策略。第五,加快共享健康数据的保障体系与平台建设。无论是公众对于个人隐私的天然权利,抑或医药卫生产业对收集、利用和共享数据的需求,均应予以尊重。健康数据取之于民,也应该用之于民。在保障受试者隐私权利的同时,也需要推进健康数据的开放、共享,号召越来越多的受试者加入到数据共享的队伍中来。

3.2.2 试验环节出现伦理缺位

1. 方案偏离相关的伦理问题

在临床试验的进程中,严格遵从试验方案既是试验结果科学性和真实性的保证,又是保障受试者健康、安全的重要手段。但在真实的试验过程中,受诸多因素的影响,时常会出现未按既定方案执行,甚至违背原有方案的情况,这种情况即被称为方案偏离(protocol deviation)。危害性是方案偏离的突出特点,一旦发生方案偏离,轻则导致试验结果不符合预期、浪费医疗机构和研究者的各类资源,重则损害受试者的生命健康、影响医疗机构和研究人员的相关资质。具体而言,方案偏离暴露的伦理问题主要包括参研主体的责任缺失和参研各方的利益受损。

一方面,参研主体的责任缺失是引发方案偏离的重要原因。第一,研究者设计的试验方案不合理。在实践中,经常出现方案设计过于严苛和方案设计与所在机构不匹配的现象,这都是导致方案偏离的重要原因。第二,多方责任的缺失导致试验方案执行不当。在试验推进的过程中,如果研究者未能及时处理突发情况、进行整改和报备,如果申办者未履行保障试验依从性的职责、未及时纠正研究者的行为,如果受试者不服从检查和用药建议,都可能导致方案偏离的发生。第三,方案偏离报告不合规,具体表现为方案偏离的漏报、迟报和方案报告的要素缺失等。有研究显示,有47.40%的方案偏离报告存在描述不完整的问题。漏报、迟报会导致方案报告的时效性较低;上报的方案报告存在要素缺失,会导致相关伦理审查效率的降低。

另一方面,方案偏离一旦发生,既会对受试者的生命健康造成威胁,也会损害申办者和研究者的利益。第一,受试者的利益受损。不伤害原则是医学伦理学的基本原则之一,生命健康权、人格权、知情同意权、自主权、隐私权也是受试者的法定权利。然而,有研究数据显示,在454次方案偏离中,影响受试者安全与权益的情况高达106次。第二,研究者的利益受损。方案偏离不仅意味着前期投入的浪费,甚至会进一步导致试验的瘫痪和终止,如果情节严重,研究者甚至会因此丧失参与、主持临床试验的资质。第三,申办者的利益受损。申办者是临床试验的实际发起者,负担了临床试验的主要资金,一旦发生方案偏离,申办者便难以实现自身的经济效益。此外,方案偏离造成的负面影响,还会间接降低大众对临床试验的认可度,不利于临床试验的长远发展,对社会整体亦有损害。

综上,建议相关主体从如下方面入手,对方案偏离相关的伦理问题进行治理。第一,全面加强参研主体的理论培训,定期组织人员参与培训、院内授课和法规学习,提升临床试验的规范性和科学性。第二,建立协同式的科研参与模式,推进研究者、申办者与伦理审查委员会的沟通交流,及时交换试验意见。第三,伦理委员会应加大对方案偏离报告的审查力度,在审查的过程中重点关注报告的完整性和可行性,对于明显不符合要求的方案偏离报告,可作出中止研究的决定,并提出整改意见。

2. 受试者招募存在的伦理问题

受试者的招募系临床试验中最关键环节之一,甚至可以说是最困难、最富挑战性的工作。当前,我国临床试验受试者的招募面临着诸多难题。如社会大众对参与临床试验的受试者存在偏见,自愿参与的人数十分有限,有的受试者即使参与了试验,也是为了获取试验的补偿金,会刻意向研究者隐瞒其疾病史、试验史和不良习惯,甚至会使用他人排泄物/分泌物/体液、请他人代为体检。同时,在招募对象的选择、招募方式的采用、招募材料的制作和补偿的发放上,也暴露出不同的伦理问题。

第一,在选择招募对象时,未能充分按照公平分配研究义务和利益的方式选择研究受试者人群。在实践中,当研究者与受试者存在上下级的隶属关系时,如作为研究者的科室主任要求其研究生作为受试者参与临床试验,其自愿程度和受试利益将很难保证。同时,如果仅因为某类人群很容易受到报酬的影响而参与试验,就有针对性地招募此类人群作为受试者,也会破坏试验结果的真实性和公平性。

第二,在采用招募方式时,容易出现隐私泄露的伦理风险。一般认为,招募受试者的方式主要有五种:① 作为主治医师的研究者直接邀请患者参与试验;② 通过招募广告等方式招募受试者参与试验;③ 通过数据库招募受试者;④ 通过邮件招募受试者;⑤ 通过第三方介绍招募受试者。一方面,只要研究者不是数据库的拥有者或主治医师,即除方式①外,其他四种招募方式均存在较高的隐私侵权风险,如研究者经过其他医师介绍,向特定患者发送招募邮件,收件人就有理由认为主治医师在未经自己许可的情况下将自己的姓名、电话、病史透露给了第三方。

第三,在制作招募材料时,存在混淆研究性质、夸大受益或低估风险的内容。一方面,在部分招募材料中,如果出现"新药""免费医疗""新疗法"等表述,可能会使受试者误认为自己将接受已经得到证实的新型诊疗,从而盲目参与试验项目。另一方面,如果招募材料中采用明示或暗示的方式宣传试验的疗效,也可能会导致受试者低估试验风险,从而过度干涉受试者的决定。当前,随着互联网的发展和社交媒体的普及,越来越多的研究者和医疗机构选择在医院或科室的媒体账号上招募受试者,这种招募方式固然更加高效、便捷,却也在客观上增加了伦理风险。如有些网络招募广告甚至以"广大××疾病的患者有福了"作为开头,就具有诱导受试者的嫌疑。

第四,在发放补偿的过程中,未能秉持及时和适度的原则。研究表明,"补偿费用"在众多影响受试者是否参与试验的因素中位列第一。一方面,部分医疗机构未能及时、足额地向受试者支付补偿。如果受试者需要多次往返医疗机构,应当按次支付交通补偿,而不是在"试验结束后一次性发放";如果受试者为缓解药物的不良反应而支出了新的费用,医疗机构也应当予以补足。另一方面,如果补偿数额过大,可能会导致受试者丧失风险预判的能力,从而放弃其真实的选择,此时的参与行为也就不再是"自愿"的了。因此,补偿的数额应当是合理的,否则会涉嫌"过度劝诱"。

据此,① 研究者在选择招募对象时,应先通过公平分配研究义务和利益的方式选择受试人群,并禁止通过强迫或其他不正当方式影响受试者的决策过程。② 研究者在采用招募方式时,应当严格履行隐私保护的法律规定和伦理规范,不向第三人透露患者的个人信息。③ 研究者在制作招募材料时,应明确使用"试验用药物""试验治疗"或"试验性诊断方法"等表述,明确项目的研究性质,同时不应对试验的安全性和有效性作出任何声明,防止产生误导。伦理委员会在审查招募信息时,应特别关注信息公开是否完整、招募流程是否合理以及是否存在引诱、误导或鼓动性信息。④ 研究者在发放报酬时,应当秉持及时、适度的原则,既做到按次结算,又做到额度合理,以防"过度劝诱"。

3.2.3 科研不端行为的涌现

近年来,我国医学领域的科研不端行为被频繁曝光。依据《国家自然科学基金项目科研不端行为调查处理办法》第三条,科研不端行为指的是在基金项目申请、评审、实施、结题和成果发表与应用等活动中,偏离科学共同体行为规范,违背科研诚信和科研伦理行为准则的行为,具体包括抄袭、伪造、代写和提供虚假信息等。在整个科学界,生物医学领域是科研不端的重灾区。2017年,Springer公开宣布,撤回了我国学者2012～2016年发表在《癌症生物学》上的107篇论文；2021年，国家卫健委科技教育司通报了24起医学领域的科研不端行为，涉及多家医学院和附属医院。作为科研导向的临床研究医院，必须正确预防科研不端行为，主动营造良好的学术环境。

1. 科研评价体系的异化

当前，各高校和科研院所的评价体系过分注重论文发表和学术成果。如果科研人员未在高水平期刊上发表文章，在职称评定和岗位晋升上都将面临困难。这种单一、"一刀切"的评价方式促使科研工作者们更多关注科研发表，而非科研创新。科研工作沦为了绩效和指标的竞争工具，而丧失了其为社会和大众服务的初衷。具体而言，科研评价体系的异化主要表现有：

第一，"五唯"之风盛行。所谓的"五唯"，指的是在教育科研事业中唯论文、唯项目、唯奖项、唯职称、唯帽子是举的现象。在各大机构中，"五唯"往往以任务制、清单制的形式出现，科研指标被层层分解，过去成果较好的科研人员，会承担越来越多的指标，同时作为科研金字塔底层的青年教师，也很可能沦为被剥削、压榨的对象。

第二，同行评议制度和代表作制度的失灵。同行评议本是通过专业角度对科研成果进行评定的渠道，然而，在事实层面，审稿压力与日俱增，专家水平参差不齐且匮乏监管、激励机制，对于匿名评议，需要承受透明度差、可信度低的质疑，对于实名评议，又可能导致专家积极性不高、恶意评价的弊端。同时，在推广代表作制度的过程中，也往往以影响因子、被引量判定论文的创新水平，而对专利、专著等类型的科研成果缺乏明确的衡量标准。

据此，应从如下方面重构我国的科研评价体系：

第一，坚决履行"破五唯"的科研和教学改革方向。"破五唯"注定是一场系统性的变革。一方面，这需要各高校和研究机构在"去行政化"上实现转变，科研任务不应该被摊派和打包，学术创新也不应该沦为"军备竞赛"。我国高校在科研管理、学术资源配置、学术评价体系上均存在显著的行政色彩，需要予以摒除。有研究表明，适当引导民间资本参与科研治理，将有利于提高研究部门的竞争力和效率。另一方面，应进一步培育科研工作者的"过程主义"精神。科研工作是一项具有风险的事业，并不遵循严格的投入产出比。在构建科研评价体系的过程中，既要避免唯结果论，也要防范形式主义，做到事前管理与事后评价的结合。

第二，引入多元化的科研评价指标。在评定成果的创新性时，不应该只考虑期刊水平和影响因子。比如，可以将对知识普及的贡献程度和对青年学者的影响程度作为评定成果的辅助性指标；又比如，可在论文评定过程中增设互动环节，便于充分展示研究内容。

第三,采用分类评价的方式,充分考虑学术成果间的横向差异。在制订科研评价标准时,应当注重不同学科、方向之间的特性。如医学伦理学、医学教育学、医学信息学等,其知识本身可能带有一定的地方性,从业者发表高水平国际成果的难度更大,可考虑在职称评定中适当降低标准。

2. 科研监管程序的失效

科研监管程序的失效,也是我国生物医学领域科研不端行为屡禁不止的原因之一。科研监管程序应当包括长期监测、举报和受理、初步核实和实质调查、处罚措施等内容。具言之,我国科研监管程序的失效主要体现在:

其一,我国对科研不端行为的监管主要依赖于主管机构的审查(如通过所在院校的学术委员会、学术道德委员会等),审查的真实性和积极性有待商榷。

其二,我国科研不端的惩戒制度亟待完善。一方面是过分重视事后惩戒,忽视事前防范,而随着代写、剽窃、提供虚假信息等行为频繁在申报阶段出现,科研不端现象明显"前置"了。另一方面是惩处力度不足、标准不一。科技部通报的科研不端案例中,大多数科研不端行为的主要负责人只是被取消了数年内的评优、招生和基金申报资格,被撤销职称、永久取消招生资格的人却寥寥无几。国家自然科学基金委员会、科技部近年来多次对科研不端行为进行通报,但对科研不端行为的处罚手段和强度亦有差别。

据此,应从如下方面完善我国的科研监管程序:

第一,推动监管程序的专业化。持续保持惩处科研不端行为的高压态势,可以考虑在各科研机构内成立专门的科研监管部门。

第二,推动监管程序的标准化。各主管部门应尽快在科研不端行为的定义、预防和披露机制、调查和制裁程序上达成共识、统一标准,最终形成行业专家、研究机构和政府共同协作的三角形治理结构。

第三,推动监管程序的精细化。针对不同类型的科研不端行为应适用不同的处罚标准,如直接抄袭应重于数据造假,抄袭申报书应重于抄袭论文等。

第四,推动监管程序的公平化。一方面,应在我国的科研监管程序中设置听证制度,进一步保障当事人的申辩和说明理由的权利,降低"冤假错案"发生的风险。另一方面,实现调查权与裁决权的分离,在我国的《科研诚信案件调查处理规则(试行)》和国家自然科学基金的相关办法中,我国负责调查科研不端行为的主体和负责裁决的主体高度重合,应当予以矫正。

第五,推动监管程序的全面化。一方面,要强化科研诚信的宣传教育工作,软硬兼施,采取事前预防和事后处罚相结合的方式,从根本上提升科研工作者和学生群体的诚信水平,将学术不端消灭于萌芽状态。另一方面,要针对科研不端体系的上下游进行整治,对于上游的平台方和"枪手",也要予以打击和处罚,真正做到对抄袭、造假的"零容忍"。此外,有实证研究表明,媒体和社会各界的参与程度与惩罚强度呈正相关,故如何妥善处理科研监管程序与社会公众的关系,如何正确引导舆论参与学术生态的治理,也是需要慎重对待的问题。

3. 科研诚信法规的缺陷

自20世纪末,我国颁行了一系列与科研诚信相关的法律法规和规范性文件,如《中华人民共和国科学技术进步法》《中华人民共和国著作权法》《关于进一步加强科研诚信建设的若干意见》等。面对屡禁不止的科研失范行为,强化科研诚信的法规建设势在必行。当前,我国科研诚信的立法主要存在如下缺漏:

第一,法规内容具有抽象性和宏观性,并未充分考虑生物医学等专业的特殊性。在与科研诚信相关的规范性文件中,众多自然科学门类使用统一的评价标准。但这种"一刀切"的方式并不完备:对于生物医学等试验性强、验证困难的学科,应当使用更细致、严格的认定标准;对于理论物理学等理论性较强的学科,则需要重点审查其观点的独创性。

第二,立法分散,未经整合。我国的教育部、科技部、国家自然基金委员会等部门均参与了科研诚信法规的建设。据统计,在1999年至2020年期间,仅教育部就发布了27个与科研诚信相关的文件,这种多方参与的现状为法规的执行和不法行为的认定均带来了困难。

第三,立法层级不高。我国的科研诚信立法以行政规章为主体,依据我国行政法的基本原理,惩罚措施越严格,其对应的法律级别也越高。然而,我国许多科研诚信法规却存在规定内容和法律位阶不匹配的情况——如果实施严重的处罚,将有违行政法法理;如果放弃实施处罚,对应法规又会失去约束力。

据此,应从如下方面推进我国的科研诚信法规建设:

第一,制定更加具体的科研诚信法规,创设更多的技术性规范和问责性质的条款,包括但不限于科研失信行为的分类和认定标准、对失信行为的惩处措施、主管部门的责任划分和具体流程等。

第二,推广多方合作的科研诚信法规,实现他律规范和自律规范的有机结合。在国家层面,应由科技部、教育部等主管部门牵头,制定科研诚信的专门规范性文件;在社会层面,中国科学技术协会作为学术共同体的代表,应当充分发挥学术圈内部的自治机能,制定自律规范;在机构层面,也应当重视科研诚信细则的实施,健全应对措施。

第三,提高科研诚信规范的立法层级,为实现立法层级与惩罚措施的匹配,至少应将科研诚信法规提升至行政法规的级别,宜将民事责任、行政责任乃至刑事责任引入科研失信的处罚,提高科研不端行为的违法成本。具体而言,可以参照民法中的惩罚性赔偿制度,弥补被抄袭人员的利益;也可以根据刑法中贪污罪、合同欺诈罪和挪用公款罪等罪名,对社会危害性较大的行为予以惩处。此外,为确保结果的客观公正,可考虑从机构外甄选评议团,对具体的案件进行裁断,评议团可由第三方机构的专家学者、在校学生、高校教师等组成。

3.2.4 新技术发展带来的试验伦理问题

生命科学的发展是一把双刃剑。近年来,人工智能技术、器官移植技术、辅助生殖技术、基因工程研究等领域实现了重大突破。一方面,日趋成熟的医疗技术为人类预防、治愈疾病,改善生存质量带来福音;另一方面,这些新技术也引发了一系列伦理难题,对我们现有的社会价值、伦理观念造成了冲击。以下选取了包括人工智能在内的五个新技术引发的典型伦理问题,以期为新型临床试验的开展提供规范指引。

1. 人工智能应用引发的伦理问题

随着我国大数据和计算机技术的发展,人工智能也逐渐在医疗领域大展拳脚。医疗人工智能(Artificial Intelligence in Medicine,AIM)这一概念最早起源于20世纪70年代,旨在通过人工智能技术提高诊疗效率和水平。当前,AIM主要应用于临床诊断、医学研究和公共卫生三个基本场景,具有突出的技术优势。然而,随着AIM的持续应用,伦理问题也愈发凸显。

首先,AIM的应用挑战了医生的主体地位。第一,AIM能力的持续提升将会约束医生的专业能力。一方面,AIM的学习能力和知识储备远超人类,能够实现高效而精准的治疗,如果医务人员过度依赖人工智能进行诊断,则其专业技能将逐步下降;另一方面,AIM正逐步具备简单互动的能力,如果医务人员在沟通交流中不断让位于人工智能,也势必会造成医生与患者的疏离。第二,AIM的广泛应用弱化了医生的道德责任。在AIM的应用场景中,医生面对的不再是真实的患者,而是一系列电子文档和信息,医生花在计算机上的时间甚至要多于在患者床边的时间。因此,AIM的应用削弱了医生对患者本身的关怀和理解,对医患之间的道德和情感基础造成了冲击。

其次,AIM的应用对患者的权益造成威胁。一方面,患者的隐私权极易被侵犯。AIM的深度学习和实际运用都会涉及大量的数据。在数据的采集和筛选阶段,患者的医疗数据往往会脱离医疗机构,被存放于云计算平台,管理分散,容易发生数据泄露和窃取。在数据的监察和分析阶段,既可能因权限管理和稽查轨迹的要求,导致内部的医疗数据外传,也有可能因为检查人员和计算机工作人员的资质和权责问题,造成个人隐私的泄露。在数据的保存和共享阶段,如果缺乏必要的限制访问政策,内部工作人员可能会因为合规意识淡薄或外部利益的驱动而泄露患者隐私。另一方面,发生医疗事故时患者的权益难以得到保障。AIM 是智能化的工具,如果运用医疗人工智能而引发了医疗事故,对患者的人身和财产造成损害,应该由谁来负责?设计者、生产者、研究者、医疗机构还是人工智能本身?如果有多个责任主体,他们之间的权重该如何分配?当前,我国尚未在 AIM 领域形成完善的法律条例和管理机制,难以对责任主体进行明确区分。

最后,AIM 的应用冲击了传统的医患关系。一方面,AIM 将成为医患关系的重要中介,甚至随着医务人员对人工智能依赖的加深,AIM 在医患关系中的地位甚至会超过医生,构成主体上的"僭越"。当患者意识到真正作出诊疗决策的主体并非面前的医生,而是背后的计算程序,患者对医生的信赖也就不复存在了。另一方面,当医生将工作时间越来越多地花费在使用人工智能上,势必会缩减其与患者沟通交流的时间。基于此,医生如何保障患者的知情同意,如何在沟通中体现人文关怀,便成为院方需要考虑的问题。

综上,鉴于人工智能应用对主体地位、患者权益和医患关系造成的伦理问题,建议从如下方面予以纾解:

第一,明确医生的主体地位,并在此基础上发展医疗人工智能。随着 AIM 运用场景的扩展,应在医疗机构中进一步普及 AIM 的专业知识,使得医生和人工智能成为合作伙伴,而非竞争对手。

第二,构建 AIM 的伦理规范。医疗人工智能伦理规范的确立,需要综合考虑人工智能的伦理规则和医学伦理原则,需要医学、伦理学和法学界的专家学者进行协作。

第三,持续推进 AIM 法律制度建设。在此过程中,应当重点关注医疗人工智能的侵权责任分配和患者数据安全的保护。各医疗机构可考虑制定本机构的数据采集条例和信息保护办法,并运用技术手段对患者信息进行加密和限制访问。

2. 器官移植引发的伦理问题

器官移植(Organ Transplantation)指的是用健康的器官对功能衰竭、甚至功能丧失的器官进行置换,以挽救患者生命的一项医学技术。在此过程中,被摘除器官的身体被称为供体,接受器官移植的身体被称为受体。器官移植不仅关乎供体、受体及其家属的精神与物质权益,更牵涉器官商品化和分配正义等复杂问题,对我国社会的伦理价值造成了不小的冲击。

第一,器官移植与我国的文化传统和价值观念存在矛盾。一方面,器官移植与我国既有的文化传统相冲突。在主流的汉族文化中,尸体的完整性是极为重要的。捐献自己父母的器官被视为一种不孝的行为,如果捐献死去亲人的器官,又是对死者的不敬。这也是我国器官捐献群体较少的原因之一。加之捐献流程不严格、器官保存不合理、泄露供体信息的情况时有发生,我国民众普遍对器官移植不够信任。另一方面,由于器官交易地下市场的存在,器官移植技术也在实际上推动了器官的商业化。当器官成为可以买卖的商品,人类本身也被物化了。进一步说,如果足够的金钱便可以决定器官的流向,将会使医疗资源分配不均的情况愈演愈烈,有损我国的医疗公平。

第二,器官移植会带来活体移植和尸体利用的伦理困境。移植的器官要么来源于有生命的个体,要么来源于尸体,在两种情形下,暴露出的伦理问题也有所不同。在活体移植的情况下,诸多伦理争议可以归结为移植行为本身对供体造成的损伤。一方面,这种损害本身就是对不伤害原则这一基本伦理规范的违反;另一方面,用损害本身换取他人健康的方式,反映了器官提供者内心自爱意识与利他意识的冲突,以及器官接受者求生欲和自尊心的矛盾。因此,如何降低对器官提供者造成的伤害,降低到何种程度才为伦理规范所接受,是活体移植需要应对的问题。在利用尸体器官的情况下,除保存身体完整性的文化传统外,还需要面临死亡时间和知情同意认定上的障碍。由于供体器官必须是活器官,如何确定死亡的时间对于器官摘取便尤为重要。同时,除本人外,其他近亲属和利害关系人如何就器官捐献达成知情同意,也是有待解决的问题。

第三,器官移植也会对供体和受体的权益造成损害。一方面,供体的利益无法实现。对于器官移植,我国与世界上的主流国家一样,都反对器官交易。但是,如果所有的器官捐献都是无偿的,对于器官提供者而言,他们几乎无法获得声誉之外的任何利益。但如果直接或间接为器官提供者承担医疗、误工、差旅等相关费用,这种方式又可能沦为地下交易的幌子。另一方面,受体的安全难以保障。由于我国的器官移植技术在检测、手术和术后恢复环节中仍存在较多疏漏,无法在客观上避免 HIV、肝炎病毒、狂犬病病毒等可以通过血液传播的疾病,也可能会造成免疫系统紊乱、生命延长时间缩短等问题。

综上,面对器官移植技术引发的诸多问题,应当从如下方面予以解决:

第一,应解决器官供应显著不足的问题,避免器官的商业化。一方面,应建设安全、健康、值得信赖的捐献环境,解决有捐献意愿群体的后顾之忧;另一方面,应采用脑死亡等科学判定死亡的方式,进一步扩大器官捐献的来源。

第二,应在社会中倡导新型的义利观。社会观念的改变是一个漫长的过程,但唯有不断宣扬"救死扶伤""舍己救人"的高尚品质,才能真正突破我国重视身体完整性的传统。

第三,在器官移植伦理审查的过程中,一是要遵循审慎的原则,仔细评估双方的风险和受益;二是要推广审查的标准化和规范化,使各家医院的审查标准趋于一致;三是要严格落实知情同意,确保器官提供者和器官接受者理解器官移植的目的、适应证、禁忌证、术后注意事项、可能的并发症及预防等。

第四,应当持续研发器官移植技术,尽量减少其对器官提供者的损害,并通过术前检测规避传染病。

3. 辅助生殖引发的伦理问题

辅助生殖技术(Assisted Reproductive Technology)指的是运用现代生物医学知识、技术和方法代替自然的人类生殖过程的某一步骤或全部步骤的手段。当前,国际上主流的辅助生殖技术包括人工授精、体外受精和无性繁殖。对于一些不孕不育但有抚养后代意愿的父母而言,他们对通过辅助生殖技术诞下孩子的血缘可能是包容的,但却忽视了这项技术对家庭伦理关系、人文心理等方面的深远影响。

首先,辅助生殖技术会导致个体层面的伦理问题。一方面,如果采用辅助生殖技术人为设计"最佳婴儿",则实际上是过分看重遗传因素在子女成长过程中的重要性,而忽视了家庭、学校和社会的后天作用,存在践踏生命尊严的嫌疑。另一方面,医疗机构对胚胎和配子的处置行为存在风险。为了提高人工辅助生殖的成功率,在治疗周期中往往仅有1到3个体外培养的胚胎会被植入女性子宫内,剩下的胚胎将会被长期保存。如果医疗机构在日后将这些胚胎捐赠给相关机构,或者直接交由第三人使用,无疑违反了知情同意原则。进一步说,如果胚胎或配子的所有人离婚或死亡,这些胚胎和配子该如何进行处置、是否可以继承,都是伦理学意义上的难题。

其次,辅助生殖技术会对传统的家庭关系造成冲击。第一,辅助生殖技术引发了生育和婚姻的分离。如人工授精、代孕等技术,都可能会使第三方的遗传物质进入家庭,破坏固有的双血亲家庭结构。第二,辅助生殖技术会解构千百年来"父母"的概念。理论上,通过辅助生殖技术诞出的婴儿最多可以面临五种父母身份,即遗传父亲、遗传母亲、养育父亲、养育母亲和代孕母亲。进一步说,如果独身主义者、同性恋群体、单亲家庭也通过辅助生殖技术抚育了自己的后代,家庭的人伦关系将变得空前多元化,传统的"父亲"和"母亲"的身份无疑会面临严峻的挑战。第三,通过辅助生殖技术诞下的子女,他们之间的关系会更加复杂。如果两子女之间拥有相同的遗传父母,他们之间是否构成兄弟姐妹关系?如果两子女仅有遗传父亲或母亲相同呢?

最后,辅助生殖技术可能引发社会层面的伦理危机。第一,辅助生殖技术有导致精子、卵子商品化的风险。鉴于我国生殖细胞的捐献者较少的现实,几乎不可避免会催生一批营利性质的精子库和卵子库。这些精子库、卵子库为了牟取商业利润,可能会对配子的健康状况和疾病信息有所隐瞒,甚至采取非法取卵的手段确保配子质量。第二,辅助生殖技术可能会导致"优生学"的复兴,带来社会不公正问题。在进行宣传时,精子库、卵子库通常会使用"名人""博士""名模"等字眼,从侧面体现了人们通过辅助生殖技术改善子女基因的欲望。然而,这种所谓打着"优生"旗号的改良措施,可能会损害社会弱势群体的生育权利,使技术本身沦为富人的特权。第三,辅助生殖技术可能会引发一系列有损社会伦理的连锁反应。比如,在严格执行保密措施的情况下,具有血缘关系的人群就完全有可能实现通婚,会提高社会近亲结婚的比例。又比如,代孕母亲的产生本质上也源于辅助生殖技术的应用,而代孕进一步衍生出的子女抚养问题、人体商品化问题、家庭伦理问题也是十分严峻的。

综上,基于辅助生殖技术在个人、家庭和社会层面引发的伦理风险,建议从如下角度予以治理:

第一,应建构有针对性的辅助生殖伦理规范。如我国在2003年出台的《人类辅助生殖技术和精子库伦理原则》中,就提出了社会公益原则、禁止商业化原则、保护后代原则等颇具特色的伦理原则。随着辅助生殖技术的演进,我国也需要适时补充、修正与此有关的伦理规则,使该技术更好地造福人类。

第二,应强化辅助生殖领域的法律规制。具体而言,在限制程度上,应当全面禁止非医疗的辅助生殖行为,有条件地开放医疗目的的辅助生殖行为;在制度建构上,应当开创技术、伦理与法律的协商机制,在相关领域展开自由、充分的对话。

第三,伦理委员会可以从技术审查和案例审查两个方向入手,展开审查工作。在技术审查环节,伦理委员会应重点考察生殖中心的软硬件措施、知情同意书模板、机构检验材料报告和技术演示视频是否符合要求;在案例审查环节,伦理委员会应采用抽查的方式,观察个案中采用辅助生殖技术的必要性、公平性和风险性,并对随访的方式和效果进行评价。

4. 基因治疗引发的伦理问题

基因治疗(Gene Therapy)指的是,有意识地将遗传物质转移到人类活细胞内,通过修改有缺陷的基因,最终达到治愈疾病或增强性状目的的技术。在未来,基因治疗技术有望克服恶性肿瘤、心血管疾病、艾滋病、血友病等一系列疾病,但在技术尚未成熟的当下,该项技术的运用仍存在较高的随机性和不可预测性,会牵涉到一系列侵犯生命权、人格权、隐私权的伦理问题。

首先,基因治疗有违不伤害原则、知情同意原则和隐私保护等伦理规范。第一,基因治疗的安全性存在疑问。一方面,基因治疗大多将病毒作为技术载体,这种方式不可避免地会引发两个问题:一是可能会合成或激活原癌基因,进而导致异常或不受控制的细胞增殖;二是病毒载体自身的免疫原性会引起机体的免疫反应。另一方面,基因治疗的负面影响往往难以观测且具有遗传性,客观上增加了风险。第二,基因治疗是一种新颖而复杂的技术手段,且采用基因治疗的多为重大基因疾病和传染病的患者,很难实现对疗法风险的正确评估。因此,在使用基因治疗技术前,医务人员理应承担更全面的告知义务。第三,基因治疗不可避免地需要收集患者大量的疾病信息和遗传信息。如果不能为个人的基因信息提供周全的保护,会造成个体层面的基因歧视、群体层面的污名化和国家层面的基因鸿沟。

其次,基因治疗会突破传统的家庭伦理。一方面,基因治疗技术使父母能够决定子女的遗传性状,父母可以根据个人的判断和喜好,将子女的基因进行修改。然而,任何个人和群体都不应具有决定子孙后代命运的合法权利,何况父母是否具备判断基因好坏的能力,在事实上也很难确认。另一方面,在能够对子女基因进行修改的情况下,子女的生命进程已经由"自然选择"沦落为"人工选择",该"自然家庭"也成了实际上的"人工家庭"。这种对家庭遗传信息的过度干预,对家庭成员的自决权和平等权构成了致命的威胁。

最后,基因治疗挑战了社会普遍的平等观念。一方面,基因治疗将加剧社会资源的不平等。基因治疗高昂的研发成本决定了其昂贵的治疗费用,在短时间内难以惠及普通民众,客观上限制了大众对基因治疗的选择。进一步说,基因治疗技术的分配不均,将进一步拉大群体间生存机会的差距,激化社会矛盾。另一方面,基因治疗将会加剧社会人格的不平等。基因治疗技术本身就预设了基因之间存在高下、优劣之别。在基因治疗普及的大背景下,任何相关方都有陷入基因歧视的可能,具备"缺陷基因"的群体将产生强烈的自卑心理,通过基因治疗技术诞下的子女又可能会被视为"怪胎"和"异种"。

据此,为应对基因治疗引发的各类伦理困境,不妨从下述途径进行突破。第一,推动基因治疗的法治化进程,具体包括:明确基因治疗的内涵和外延、厘清基因治疗的责任主体、加强违法行为的惩罚力度。第二,完善基因治疗的医学审查过程,伦理委员会在对基因治疗进行审查时,需要明确基因治疗的目的和用药的安全性,以及是否尊重、保护受试者权益和是否存在延迟不良反应。第三,加强教育培训和理论宣传,普及生命伦理教育和健康的科技观念,强化技术控制者的责任观念和大众的伦理素养,缓解由基因治疗引发的一系列歧视现象和社会矛盾。

5. 胚胎干细胞研究引发的伦理问题

胚胎干细胞(Embryonic Stem Cell)是胚胎或原生殖细胞经体外分化抑制培养而筛选出的具有发育全能性的细胞,它可以进行体外培养、扩增、转化和筛选,又可以分化为包括生殖细胞在内的各种组织。对胚胎干细胞的研究,实际上是为人类提供了服药、手术之外的第三种治疗途径,即通过再生实现对疾病的治愈。在胚胎干细胞的获取和使用过程中,研究者面临着不同的伦理问题。

一方面,在胚胎干细胞的获取阶段,所涉胚胎的道德地位存在疑问。胚胎干细胞来源于人类胚胎,作为试验对象的胚胎是否具有与人一样的道德身份,决定了研究者是否对其负有与其他受试者相同的道德义务,以及试验本身是否合乎伦理规范。对胚胎干细胞试验持反对意见的学者认为，因为临床胚胎试验需要对胚胎进行破坏，如果胚胎属于道德意义上的"人"，这种试验本身无异于变向谋杀。与此相反，也有学者认为，人类胚胎仅仅具备"人"的生物学特性，但在社会属性上有所欠缺，故为了挽救更多人的生命健康，有限度的胚胎试验是可以接受的。两种意见相持不下，使得胚胎的道德定位悬而未决。

另一方面，在胚胎干细胞的使用阶段，研究者需要注重试验的安全性问题，并警惕胚胎试验滑向生殖性克隆。现阶段，胚胎干细胞试验所运用的技术还有诸多不成熟之处，包括试验的模式、控制试验的能力等，若不善加管控，将对受试者的生命健康造成不可逆的损害。此外，胚胎干细胞技术与克隆技术的紧密关系也带来了新的伦理隐忧：在胚胎干细胞的使用过程中，需要通过克隆技术将患者本人的细胞核发育成人类胚胎干细胞，这本身属于治疗性克隆。但由于其技术路线与生殖性克隆基本一致，若研究者罔顾伦理规范，便可能将克隆的胚胎干细胞移植到妇女的子宫内，对人类的人格与尊严造成严峻的挑战。

综上，在胚胎干细胞的试验过程中，医疗机构和研究者应坚持贯彻知情同意、隐私保护等伦理规范，并有针对性地解决胚胎干细胞在获取和使用过程中的伦理问题。① 为回应胚胎的道德地位难题，研究者应尽量选择不会损坏胚胎的细胞来源，如流产后死亡的胎儿胚胎和治疗不孕症后剩余的胚胎，同时，在获取胚胎干细胞的过程中，应当充分尊重妇女及其家属的意见，签订知情同意书，并积极接受有关部门的监督。② 为了确保临床试验的安全性，研究者应当针对多种动物进行前期试验，其中应当包括中型或大型动物。同时，有研究表明，我国生命科学领域的研究者往往将胚胎干细胞的伦理规范视为一种"外在的约束"，心理认同感较低，故如何正确引导研究者树立正确的伦理观念，从他律转化为自律，也是医疗机构需要重点关注的问题。

3.3　医学伦理委员会建设

医学伦理委员会是建立在医院、医学院校和科研院所中最主要的伦理审查机构，负责对医务人员的诊疗、试验和科研成果进行伦理监督，在项目的选题、立项、开展和结题上均有一定的决策权。可以说，生命科学领域的每一项理论或技术突破，均为相关伦理监管带来了全新挑战。近年来，试管婴儿、辅助生殖、基因编辑和冷冻胚胎问题均引发过强烈的社会舆论。社会各界对加强医学伦理监管的呼声持续高涨，政府部门也相继出台了一系列与生命科学相关的伦理法规。2018 年 12

月,来自医院、高校和科研机构的 230 名专家学者形成了医学伦理审查建设的"宁波共识",为我国医学伦理委员会建设指明了方向。对于临床研究医院而言,推动伦理委员会进行法律规定、审查能力和监管程序上的革新,既是提升知情同意等规范履行水平的必要手段,又是应对日趋多样、先进医疗技术的必然选择。该项工作事关医院风控、合规的全局,不容忽视。

3.3.1 医学伦理委员会概述

1. 医学伦理委员会的概念与特点

医学伦理委员会是指建立在医院、高等医学院校和科研机构中,由多学科人员组成,并对医学科研的选题、开展、结题和成果的发表等是否符合人类伦理和法律规定进行审查的组织(以下如无特别注明,"伦理委员会"均指"医院中的医学伦理委员会/机构伦理委员会")。目前,伦理委员会已成为各大医院的常设机构,其在实践中呈现如下特点:

第一,人员组成的多样性,每个伦理委员会都由医学专业、法学专业和伦理学专业的专家学者组成,且人数不得少于 7 名,必要时可以聘请独立的顾问,以实现对医学试验可行性的全面评估。

第二,权力的决定性,即伦理委员会对试验的开展和推进具有决定性的影响力。一方面,依据《涉及人的生物医学研究伦理审查办法》的规定,任何与人体有关的医学试验项目,都必须经过伦理委员会的审查和批准;另一方面,在试验项目进行的过程中,伦理委员会享有暂停、中止或修改的权力。

第三,运行的独立性,医疗机构和医疗行政部门要尽量保持伦理委员会工作的独立性,避免对其工作进行过度干预,医院领导不得对审查结果进行修改。

2. 医学伦理委员会的职责

首先,伦理审查是伦理委员会的核心义务,其审查的内容包括而不限于:① 评估试验的风险和收益,即将评估试验风险的性质、程度和发生概率与预期收益进行对比,当风险不可避免时,应尽量减小或控制风险;② 受试者是否经历了适当的知情同意程序;③ 对受试者是否有适当的隐私保护程序;④ 试验是否符合其他医学伦理的基本规范。

其次,伦理委员会还应承担起对研究者进行伦理指导的义务,对一线的科研人员和临床工作人员进行系统的医学伦理学培训,避免医务人员在诊疗活动中出现伦理偏差。

最后,伦理委员会应牵头打造医学伦理学的研究平台。伦理委员会的人员构成遍及医学、法学、伦理学、社会学等专业,具备全面的知识背景。同时,伦理委员会又承担着批准人体试验的重任,位于理论与实践的重要交汇点,有能力将医学伦理的理论与实践紧密结合,使医学伦理学的科研事业不断发展壮大。

3. 如何与院外伦理委员会展开合作

由于在一些特定的伦理审查中,本机构的伦理委员会可能缺乏专业人员,所以在必要的情况下,可以聘请院外的伦理委员会(又称"独立伦理委员会")开展工作。临床研究医院在与独立伦理委员会展开合作的过程中,应当注意如下事项:

第一,提交材料应尽可能完整。作为院外机构,独立伦理委员会很难如机构内部的伦理委员会一样,获得执业医师和科研人员的支持。因此,院方应尽可能向独立伦理委员会递交详尽的文书材料,并通过邮件或电话不断补充、澄清材料内容。

第二,对提交材料进行适当修改。每个医疗机构都有自制的知情同意书、承诺书等,但这些文本的格式和内容未必符合独立伦理委员会的要求。所以,院内的科研负责人应严格按照独立伦理委员会的要求修改相关文件,院方也应该推动文件撰写的标准化、法律化,积极降低合规成本。

第三,提前熟悉伦理审查规则。独立伦理委员会的存在不仅有利于保障受试者的利益,也对科研伦理风险的防范具有关键作用。因此,为提高双方的沟通效率,院方的对接人员应提前熟悉伦理审查的基本流程和标准,并特别注意医学术语、法律术语和伦理学术语的差异。

4. 医学伦理委员会的研究进展

我国建立医学伦理委员会的提议发端于20世纪80年代,由彭瑞京教授在第十届全国医学学术哲学会议上提出,而后1998年颁布的《药品临床试验管理规范》首次确认了伦理委员会的职责。时至今日,我国医学伦理委员会的体系已初步建成,对医学伦理委员会的研究也正逐步从稚嫩走向成熟,并呈现出下列特点:

首先是领域不断细化。在过去,针对伦理委员会的研究主要集中于宏观层面,近五年来,学界越来越关注医学伦理委员会在具体场景下的运行和改良,在药物试验、人类辅助生殖技术、采供血等方面作出了尝试,建立细分领域伦理委员会的呼声亦不断高涨。

其次是审查对象多样化。随着信息技术演进,越来越多的临床试验开始运用在线知情同意等信息化手段,需要伦理委员会适时补充技术知识,转移审查重点。

最后是医学与法学交汇融合。伦理委员会的建设离不开相关法律制度的完善,众多学者开始从医药卫生政策、行政法的视角对伦理委员会的法律性质和制度建设展开研究,客观上促进了学科的交叉发展。

3.3.2 我国医学伦理委员会建设的缺陷与完善

1. 法律规定欠妥

作为拥有行政职能的专业机构,伦理委员会的运行必须有法律的授权和监督。然而,长久以来,我国围绕伦理委员会的法律规定均饱受争议。

第一,现行法律对伦理审查的规定过于宽泛。无论是《中华人民共和国民法典》《中华人民共和国药品管理法》《中华人民共和国精神卫生法》和《中华人民共和国生物安全法》等法律,抑或《医疗纠纷预防和处理条例》《人体器官移植条例》《涉及人的生物医学研究伦理审查办法》等规章条例,均提及了伦理委员会。然而,这些法律规章只是概括性地规定了伦理委员会的定位和职责,而对伦理委员会的监督程序、惩罚措施等细节未予说明。

第二,现有法律立法位阶较低。与伦理委员会关系最密切的《涉及人的生物医学研究伦理审查办法》仅为部门规章,法律效力相对较低,这会导致:该办法只能约束卫生行政部门下属的医疗机构,无力监管其他医疗机构;该办法不具备直接的法律规范效力,无权设定民事责任与行政责任。

第三,对相关伦理委员会的行为缺乏救济途径。当事人对机构伦理委员会的审查决定有异议时,暂无法定的上诉渠道。这一救济机制的空缺导致当事人的研究方案一旦被否决将难以再获批准,也不利于伦理委员会审查水平的提升。

据此,应推动伦理委员会的相关法律朝下述方面发展:

第一,要细化法律规定、提升法律等级,将伦理委员会的审查规范、教育制度、选派制度和惩罚措施统一规定于一部法律,制定我国的医学伦理审查法。

第二,通过立法赋予申请人及其利害关系人复审申请权和起诉权,即所在机构伦理委员会的审查为初审,申请人及其利害关系人对其决定不服的,可以向上一级伦理委员会提出复审,若仍不服复审决定,可以提起行政诉讼。

2. 审查能力显著不足

研究表明,伦理委员会委员的专业素质系其研究审查水平的决定性因素,而委员的素质主要体现在审查的独立性和专业知识的掌握程度两个方面。一方面,委员与医疗机构的密切关系使伦理委员会的独立性名存实亡。在理想情况下,伦理委员会应该独立进行伦理审查,不受医疗机构和医生的干预。但在人员组成上,我国多数的伦理委员会均由医院自行组建,甚至很多委员本身就是医院的中层干部,甚至可能兼任临床试验机构的主任。换言之,伦理委员会的委员既是"运动员",也是"裁判员"。另一方面,专业技能的匮乏和理论培训的短缺限制了我国伦理委员会的专业水平。伦理委员会委员对伦理审查知识掌握程度普遍不高,医学伦理意识较为欠缺。在此情况下，我国又普遍缺乏针对伦理委员会委员的教育培训机制。在北京、上海等地虽存在伦理培训的专业机构，但其服务对象主要是一般的临床医生，而非伦理委员会的成员。因此，伦理委员会的委员在客观上能力欠缺，又缺乏普适的改善途径，客观上阻碍了伦理委员会审查、指导、科研职能的发挥。

综上所述，应从成员来源入手，解决独立性不足的问题：一方面，应构建伦理委员会的回避制度，避免伦理委员会和临床试验机构的重合，凡是与临床试验有利害关系的人员，均应排除在委员会之外；另一方面，为了进一步确保审查工作的独立性，同时可在医疗机构外聘用独立的专家顾问，提升外单位委员的比例，对伦理审查工作提供建议。应强化培训考核力度，从根本上提升伦理委员会委员的专业素养；应在国家层面建立顶层的伦理委员会培训机构，产生自上而下的连带效果；应建立针对伦理委员会委员的职业资格认证机构，提供培训课程、研讨班等继续教育途径，并认真做好医学伦理委员会委员的选聘和免除工作，保持人员流动。

3. 知情同意审查存在疏漏

知情同意是患者充分行使自主权的前提和基础，但实证研究表明，针对知情同意的各项审查均存在疏漏：

第一，在形式审查阶段，各类试验的知情同意书均存在不同程度的要素缺失，研究者自主设计的知情同意书要素完整度最低。

第二，在会议审查阶段，审查重点不够突出，往往将大量精力投入到了保险和赔偿、入选/排除标准的设定、试验时间和用药时间的合理性等知情同意书不易缺失的内容，导致审查时间紧张，并忽视了如何获得受试者信任、如何与受试者沟通、告知知情同意规则的情形等重要问题。

第三，在跟踪审查阶段，一方面，有研究显示，大量的医学科研项目根本未进行跟踪审查，尤其对于国家级、省部级和市级课题，仅在立项之初进行了审查，而此后课题方案是否进行修改、知情同意书执行情况如何、研究过程中是否存在不良事件，均未进行跟踪；另一方面，多数伦理委员会的审查内容局限于知情同意书的文本，而忽视了对知情同意过程的跟踪审查。知情权、同意权是否得到了全面、真实的落实，存在较大疑问。

据此，伦理委员会应当从以下层面改善知情同意的审查：

第一，各级伦理委员会应当综合考虑研究类别和法律法规，严格审查知情同意书内容的完整性。

第二，提升会议审查的效率，重点关注研究方案中关于知情同意相关内容的描述，必要时可以通过实地查访的方式，确认研究者的能力和场所是否符合规范。同时，除知情同意书的文本外，还应注意研究过程中其他递交受试者的阅读文件，如招募广告、给受试者的信件等。

第三,加大跟踪审查力度。一方面,应提升跟踪审查的覆盖率,帮助研究者养成遵循伦理规范的习惯;另一方面,跟踪审查的内容也不应局限于知情同意书的文本,还应包括研究项目的修正案、结题报告、不良事件报告以及知情同意的过程。

4. 监管环节出现缺位

伦理委员会是医疗机构伦理规范的守门人,其一旦出现失职、渎职的现象,轻则危害受试者的生命健康,重则冲击国家乃至世界的公序良俗。因此,对于伦理委员会这一监管者,也有必要进行监管。但在我国伦理委员会的发展过程中,其监管主体、监管职权和问责机制均存在缺失。

第一,在外部监督上,我国并未设立针对伦理委员会的专门监管主体。依据《涉及人的生物医学研究伦理审查办法》,针对伦理委员会的监管工作由卫生行政部门、以国家及省级医学伦理专家委员会为代表的行政授权组织和医疗机构负责,但上述三类机构均承担了大量卫生行政管理的工作,难以在事实上对伦理委员会实施监管。

第二,在内部监管上,相关机制存在缺失。外部的行政监管必定带有滞后性,但《涉及人的生物医学研究伦理审查办法》仅对伦理委员会的外部监督提供了方向性的建议,伦理委员会如何对自身进行评估、考核,仍然处于无法可依的窘境。

第三,缺少详尽的问责机制。一方面,问责主体不明确,《涉及人的生物医学研究伦理审查办法》第四十七条赋予了县级以上卫生行政部门责令整改、通报批评和警告的权力,但是,问责程序应当如何启动,该程序又如何与三类监管机构对应,都较为模糊。另一方面,问责所涉及的法律依据处于空白阶段。虽然《涉及人的生物医学研究伦理审查办法》中单设了"法律责任"一章,并对民事、刑事和行政责任予以规定。但受限于该办法的法律效力,且此类规定又缺乏上位法的依据,很难在事实上发挥作用。

综上,建议针对监管环节中的具体问题,应在如下方面作出改善:

其一,应为伦理委员会设定专门的监管主体。考虑到国家伦理审查委员会本身就是地方伦理委员会的上诉机构,不宜同时作为主要的监管机构。故应在卫生行政部门内设定专门的小组或办公室,对辖区内的伦理委员会进行监管。对于滥用职权、谋取不正当利益的伦理委员会,应立即取消其伦理审查资格;对于不符合考评要求的伦理委员会,应当限期整改或暂停运行。

其二,细化伦理委员会的内部监管规定,可由上级伦理委员会制定地方性的伦理委员会自治条例,强化伦理委员会自我约束的动力。

其三,构建具体的问责制度。一方面,可依据行政区划和专业方向的不同,为不同的伦理风险设定差异化的问责主体,问责的启动应当包括主动启动和被动启动两种,既可以由监管机构自行发起,也可以在举报、投诉后发起。另一方面,应对既有的法律位阶予以适当突破,可先在《中华人民共和国生物安全法》等法律中确认伦理委员会监管机构的职权,再尝试专门立法。

3.4 本章小结

临床研究不同于一般的医学活动,理应适用特定的伦理规则。因此,本书认为,由于其业务特殊性,临床研究医院除遵循医学伦理学的基本原则外,还应特别注重药物使用、人体试验和科研诚信方面的伦理规范。然而,当上述伦理规范投入实践后,又会招致一系列具体的伦理难题,包括诊疗阶段的伦理困境、试验环节的伦理缺位、大量涌现的科研不端行为以及新技术引发的试验伦理问题。通过对上述伦理难题的梳理和归因,本书提出了行之有效的应对措施。同时,医学伦理委员会作为医院最重要的伦理风控部门,负有伦理审查、监督和指导的职责。本书从伦理委员会的概念、特征和职责出发,梳理了委员会在制度设计、审查能力和监管环节方面的缺漏,并对相应的治理措施进行了简要说明。

第 4 章 临床研究医院管理内涵提升

临床研究既以临床医学为基础，又紧跟医学研究前沿，持续不断地将前沿理论成果、重要革新技术转化为临床医学实践。临床研究与临床医学实践相辅相成，互促互进。临床医生要想从"普通医生"转变为"研究者"，临床研究是其必经之路。临床医生通过有目的、有计划、有组织地开展或参与临床研究，能更好地理解标准临床路径、紧急诊疗方案以及最新诊疗手段，助力构建规范、安全、高效的现代化临床试验诊疗体系，引领医学创新发展。

同时，临床研究医院要想实现快速化、特色化发展，也需以创新驱动为动力，突出管理机制创新，实现管理组织高效化、管理行为法治化、管理工具现代化，不断学习借鉴成功转型案例以及追踪现代医院最新的管理机制。建立健全各项机制是临床研究医院内涵建设的迫切需要，也是其科学健康可持续发展的根本保证。

4.1 双重目标管理

聚焦并优化现有临床试验机构功能，先行建设非完全独立的临床研究医院，是当下更为务实的选择，这就涉及双重目标管理的问题：一方面需建立临床研究医院特殊诊疗目标管理体系；另一方面将该特殊诊疗目标纳入全院全部业务目标管理的范畴。

4.1.1 临床研究医院独立目标管理

1. 目标体系的建立

目标管理是以目标体系的设计与执行为核心，汇集全员的智慧与精力，更加高效、精准地达成组织目标的管理方式。目标管理的总体思路是：具体职能部门在实行目标管理时，其目标规划要与医院总体战略目标以及当年的医政工作重点相衔接。因此,职能部门在目标体系建设中处于扼要地位,应当着重明晰职能部门的岗位职责、梳理职能部门当年的工作任务。需要注意的是,在建设目标体系的过程中要摒弃不易实现和不能量化的指标,如某医院将"部门本月完成重点工作和上个月问题整改情况"纳入一级部门主任自评,该项指标为定性指标,可操作性不强,不利于提升工作效率,应予摒除。在梳理二级指标的具体项目时,可运用关键业绩指标法(KPI)、专家调查法(Delphi)、层次分析法(AHP)等进行筛选,应剔除非紧迫、无关紧要性指标,将异质性、区别性指标纳入考核体系。

设定什么高度的目标以及该目标应占多少权重,可以通过查阅文献、咨询相关专家、借鉴他方经验并结合医院实际情况来确定。符合实际情况的可执行目标是开展后续工作的基石,指标权重是绩效考核的重要依据,有较强的导向作用,体现着组织的目的及内在价值观。医院在目标制订初期,可以通过多次医院领导和专家的研讨,确定职能部门目标管理的大致框架,划分医院目标管理层次。目标管理层次划分是目标管理的基础,一般来说,医院的目标层次可划分为三层:

(1) 医院总体目标

以(执行)院长为主导的医院高层管理者,每年应针对医院的具体情况制订相应的年度目标管理计划和年度运营计划。通常由(执行)院长根据医院本年度亟待解决的问题、必须完成的工作、以往运营状况、当前医疗趋势等情况,拟定总体目标草案,经确认后由院长办公室(综合办公室)协助执行。

(2) 各部门目标

各部门目标由对应部门负责人结合医院总体目标中的有关项目和本部门职责,与相关部门协调,并商与(执行)院长、相应的分管领导共同制订。首先,部门间指标应兼顾统一性与差异性,为使各部门协调统筹,建议各部门的一级指标相同;在二级指标中重点工作应当有所差异,其他指标可以相同。控制各部门指标基本面的同质化,更能体现公平性与可测性。但由于各部门岗位职责和重点工作不同,各部门目标会存在差异。目标的差异性体现出目标管理过程中的针对性,但也增加了指标制订的难度,对指标设计者的业务水平和工作能力要求高。其次,部门目标应实现考核指标基本量化,如此可操作性更强,接受度更高。

(3) 个人目标

个人目标由每位医务人员根据所在部门的目标项目,并结合本人职责,与所在部门负责人共同确定。应紧贴医院发展战略和年度重点工作,实现个人目标和组织目标的融合统一。

2. 目标管理过程控制

设定目标具有导向作用,实现目标关键在于落实。在达成目标的过程中,可以设计符合医院实际情况的绩效考核制度,不断优化指标体系,形成"计划—执行—检查—处理"的良性循环,以促进医院整体绩效的提升。具体来说,医院可以通过以下四种途径进行控制:

① 医院总体控制。设立独立的绩效考核办公室或依托综合办公室,根据各部门的目标管理评定及人事部门的考勤评定,来制作绩效管理打分表并对所有材料进行整理、审核;监督各部门绩效考核工作,保证考核的公平公正性;及时做好工作总结并汇报。

② 部门自我控制。部门运用定期检查和不定期抽查的方式进行目标追踪,利用目标完成进度表来进行自我控制。职能部门负责人应对本部门的工作任务要有全面的了解和把握,认真梳理本部门工作任务,以互动沟通方式做好考勤评定、目标管理评定、收集汇总、总结上报、平行监督、投诉处理等工作。

③ 患者反馈建议。患者至上已经成为医务人员的核心理念。医院可通过患者的需求与反馈,帮助医院及时改进工作,这既符合现代医院的人文关怀与价值观念,也利于增强患者与医院的有效沟通,同时也可以显露出医院各部门人员与其目标所存在的现实差距,能够较为真实、有效地反映改进效果。

④ 奖罚措施促进。根据不同科室和岗位,制订相应的奖罚措施,进而激发医务人员工作积极性,提升医务人员工作技能,高效高质达成目标,尽可能满足患者对于医疗的需求。通过奖励机制,鼓励医务人员在日常工作中发现问题、研究问题、解决问题,相对应地,制订惩罚措施也是很有必要的。

3. 目标管理考核结果反馈

目标管理是一个以目标导向、结果导向并且以人为中心的现代化运营理念,能够促进个人和组织战略目标的达成和绩效的提高。管理离不开考核,没有考核的管理只是空谈,目标管理与绩效考核需相互结合。医院目标应当与社会效益、经济效益相关联,使得每一具体目标都有考核及落实,并且对于目标管理的结果应当及时反馈,以此为据对医务人员进行适当的奖励与惩罚。医院对患者、各部门协作的目标指标考核情况反馈,有助于发现医务人员的优缺点,便于及时调动医务人员积极性,发挥其主观能动性。

4.1.2 纳入医院综合目标管理范畴

1. 医院综合目标管理的概念

综合目标管理是一种以"工作"和"人"为中心的综合性系统管理方式,即各层级管理人员同普通员工共同制订组织目标,并将目标具体细化到每个层级、每个部门、每个成员身上,目标实现与组织内部每个层级、每个部门以及每个成员的责任成果紧密联系在一起,明确规定出各层级、各单元、各成员的贡献与奖酬等一套完整系统的管理方式。

目前,公立医院面临多重压力,其既需要保证自身的社会公益属性,又需要保证自身综合实力的持续有效提升。各级地方主管部门也更加积极地促进着地方医疗服务水平的提高,主动介入、协调医院综合目标的制订,并实行一年一度的绩效考核,以此来平衡医院综合管理与成本核算管理的关系,建立一切以"患者为中心"、以"临床医疗安全为重心"的医疗服务模式。综合目标管理的创设和运行,给予医院、科室、医务人员之间目标一致性以充分保障,并且有效地结合了医院发展的政策、资源、信息、技术等支撑要素以及具体行动,为医院的内涵建设和健康持续发展提供保障,能够不断地扩大医院社会效益,提升其综合实力。借鉴公立医院行之有效的综合目标管理体系,临床研究医院制订贴合自身情况的综合目标管理体系,有助于明确临床研究方向,深入开展与临床试验治疗相关的各项研究,并将相应科研成果不断转化、逐步普及。

2. 医院综合目标管理的内涵

随着新医疗体制改革的不断深入,良好的综合目标管理体系对于医院稳健、长远发展有着举足轻重的作用,根据工作职能和业务性质,可将医院的综合目标管理分为综合部分和业务部分两大类:

① 综合部分主要涉及党组织建设、领导层自身建设、总体人事体制建设、劳资社保政策落实、矛盾纠纷综合防控体系建设、财务统计规范管理等。

② 业务部分则主要涵盖贯彻落实各项医疗安全管理制度,建立并执行医疗纠纷预防、预警与处理机制;妥善处理不良事件并及时上报;临床专科的规划及建设;制订预防院内感染的措施及突发感染紧急处理,规范开展院内感染监测与控制;严格依法执业,严格遵守医疗技术的准入准用制度,规范开展诊疗活动;规范医疗文书的书写,合理用药、合理检查和合理治疗。

3. 临床试验质量管理与医院综合目标管理的结合点

临床试验质量管理的关键点在于:① 在临床试验开始前,研究人员应当保持谨慎,事先熟悉试验用医疗产品的背景资料、作用机理、副作用效果、试验方案流程以及注意事项;要经专门、独立的伦理委员会审核通过;要将该试验用医疗产品可能存在的受益与风险等相关信息充分告知受试者,在受试者完全理解且自愿的情况下签署知情同意书,避免因误会而引起争议和纠纷。② 在临床试验过程中,诊疗医生应当详尽地询问受试者过往病史,规范地对受试者进行相关体格检查,限制合并用药,安排受试者定期复查或定期访视受试者身体状态,及时处理不良事件;完整记录并妥善保存各类数据资料,不得随意修改原记录。上述各项规定或要求,在防范过度诊疗、密切医患双方关系、化解猜疑所致纠纷方面起到了重要作用。

医院综合目标管理的要旨在于：医院合法合规开展各项医疗活动，健全并落实各项医疗制度，以改善医疗环境、提升医疗质量、保障医疗安全。这些原则和理念与试验用医疗产品临床试验过程中所遵循的基本准则高度契合。稍有不同的是，医院综合目标管理的制度、规章之间虽有联系，但每一版块独立性较强，而临床试验质量管理的要求、流程则是较为细致、固化的，其可操作性与评价性较强。因此，临床试验质量管理可以作为对医院综合目标管理内涵的进一步丰富和补充，更加突出强调医疗安全。

截至目前，医学领域尚有诸多问题等待医疗工作者解决，而人们对于健康的需求日益增长，这两者之间不可避免地出现一些矛盾。医患纠纷是困扰医疗工作顺利进行的主要问题，而其发生与知情不足、沟通不畅、记录不规范、过度诊疗等密切相关。医院采用综合目标管理是为了最大限度地满足人们对于健康的需求，降低医疗纠纷发生率，促进社会和谐稳定。而临床试验质量管理的要点就在于对医疗程序规范化、诊疗方法科学化、患者利益最大化、数据资料保真保全的高度要求，强调每一环节的细致、严谨、真切，通过质量控制避免出现医疗争议与纠纷，从根本上降低医患纠纷的发生率。将临床试验质量管理融入医院综合目标管理，可以使医务人员更加清晰地认识到规范医疗行为的重要性，自觉养成审慎负责的意识，树立较高的医疗安全理念，从而全面保证医院的医疗质量与服务水平。总而言之，推进医院临床试验质量管理工作，不仅有利于试验用医疗产品的临床研究，也是对医院综合目标管理内涵的充实，有利于医院医疗工作的不断进步和发展。

综上所述，在社会生活快速发展、医疗事业深化改革的时代背景下，医院传统单一的目标管理体系已经无法适应公众的现实需求和市场经济发展的需求。临床研究医院彰显多元价值追求，牵涉诸多法律与伦理问题，更应做好目标管理工作，并与公共医疗服务形成优势互补、协同配合的良好关系。临床研究医院应当以身作则在实际管理中不断完善、落实综合目标管理机制以及对应的绩效考核机制，并兼顾管理成本的控制。同时，也要注意结合医院实际状况，博采众长，整合形成多元化的管理模式，促使医院的医疗管理工作和服务质量得到长足的发展。长远来看，在临床研究医院实行综合目标管理绩效考核体制有利于实现社会效益与经济效益的双丰收，调动医务人员工作积极性，提升医院整体管理水平。

4.2 多元要素管理

毋庸置疑,医疗新产品临床试验有巨大的社会价值,但是它在发展过程中也难免会存在一些深刻的管理问题。临床试验具有较强的不可预测性,直到逐步建立起临床试验的管理规范,临床试验才进入了"有组织有纪律"的状态。我国规范化的临床试验管理起步于20世纪80年代,与各国起步时间相差不大,但区别之处在于我国更加注重临床研究质量的保证,而这涉及强化机构管理、人员管理、项目管理、数据管理、药物管理等诸多方面。

4.2.1 人员管理

临床研究医院的各项活动,主要参与主体有申办者(Sponsor)、研究者(Investigator)、受试者(Subject)、合同研究组织(Contract Research Organization, CRO)等。本节主要介绍研究者和受试者两方,阐述两方不同的管理要求。其中,根据研究者在临床研究中承担的角色不同,研究者又有主要研究者(Principal Investigator, PI)、合作研究者(Co-investigator, CI)、辅助研究者(Sub-Investigator, SI)、助理研究者(Assistant Investigator, AI)、申办研究者(Sponsor Investigator)之分;受试者又包括患者(Patient)和健康志愿者(Healthy Volunteer)。

1. 研究型人才的培养

临床研究医院的所有活动都围绕"研究"这一核心词来进行,既为"研究"则离不开研究型人才作用的发挥。人才是发展的第一资源,研究型人才是临床研究医院发展的核心力量。

(1) 研究型人才的概念及特点

研究型人才具体指具有科研探索精神,综合全面发展,并能够以其科研成果造福社会,将其知识教授给人的科研工作者。一方面,研究型人才通常有扎实的专业知识与技能、科学的研究方法,思路开阔,敢想敢为,勇于进行创新和探索未知领域;另一方面,研究型人才还具有高于一般人才的特质,如始终保持创新、求异、变革、超越等思维,始终强化坚毅笃行、团结协作、管理决策、成果转化等能力。临床研究医院的研究型人才主要指兼具优秀的临床实践能力与科研转化能力的复合创新型人才。

研究型人才一般具有如下特点:① 能够对知识、信息加以提取、整合、分析、转化、再传播,具有独立承担科研工作的能力;② 对科技发展现状与趋势有自己的思考和见解,能够发现基础性、战略性和前瞻性科学技术问题,推动科学技术的进步;③ 拥有较强的学习能力、理解能力,观察力敏锐且记忆力强,能主动发现问题、提出问题、分析问题、解决问题;④ 具有规范的科研方法和开阔的科研视域;⑤ 有怀疑精神,勤奋努力,有毅力;⑥ 具有奉献、担当精神和高尚人格。研究型人才是推动科技发展与社会前进的中流砥柱,肩负着新时代和新征程给予的责任和使命。

(2) 研究型人才培养的内容

研究型人才各方面能力都需较高,应从多个方面着手培养。第一,科研创造能力,即根据自己的知识储备和实践经历,通过调查、分析及研究而生成新颖、实用、有价值的创意并将其转变为产品或服务的能力,这是作为科研工作者尤为重要的本领;第二,逻辑思维能力,即对感性材料进行分析、综合、比较、概括等,使感性材料上升为理性认识的能力。这是研究型人才必须具备的优良品质,拥有较强的逻辑思维能力,才能将学到的理论知识灵活应用于临床实践,进行符合规律的科学的大胆创新。第三,处理和提取信息的能力,随着信息社会的发展,网络信息资源丰富,以前人的先进经验为基础进行主动思考,实施科研创新,是现代科研人员必须具备的基本能力之一。第四,实践能力,理论最终需要付诸实践,包括试验方案安排、操作能力、对数据的分析整合等。第五,语言与表达能力,理论研究成果也只有被及时准确、科学严谨地表达出来,才能使其得以有效传播,进而迅速得以广泛应用。

(3) 研究型人才评价体系

在评价研究型人才时主要以科学性原则、全面性原则和易操作性原则进行。科学性原则是指评价指标要符合研究型人才成长与工作的客观规律,每项指标都尽可能充分、科学地反映研究型人才的真实能力和水平。同时,整个评价指标体系是一个相关联、有侧重、能自洽的有机整体。全面性原则是指对研究型人才的评价指标体系的内容应力求系统完整、结构合理,评价指标体系也能较全面、真实、客观、公正地反映每个被评价对象的整体情况。可行性原则是指在选择研究型人才评价指标时,指标内容应易于理解与操作,摒弃晦涩难懂、空泛笼统、指意不明或者不易实际执行的指标。

2. 研究团队的构建

临床研究医院的人才培养模式要从"个人管理"向"团队建设"转变,既要强调带头人的领导作用发挥,又要注重创新团队的培育和建设。研究团队成员各自有各自的角色和职责:主要研究者(PI)全面统筹临床研究并进行医疗决策,辅助研究者(SI)协助主要研究者开展临床研究,临床研究护士(CRN)负责临床研究中的医疗操作和医疗相关辅助工作,临床研究助理(CRA)在临床研究期间协助研究者进行文献记录和数据录入工作。以上人员均为临床研究的一线专业工作相关人员,是研究者团队建设的技术核心力量。其中,主要研究者作为临床试验研究者团队的总指挥,以及临床研究"质量"和受试者"安全""权益"的负责人,在临床研究的实施中有非常关键的作用。在一定程度上,临床研究能否顺利且高质量地完成,主要取决于研究团队。

(1) 确立核心人才

造就核心人才首先在于自主培养。团队建设需注重人才结构和梯队以保持内在发展动力,根据不同层次优秀人才的不同标准建立人才库,为入库对象设计符合其自身发展的培养方案,定期考核,留用选拔。有针对性地实施重大科研成果奖励、学历学位提升资助、创新课题配套经费、学术休假等制度或措施,促进青年人才成长。医院同时还应着力创造赴国际知名医学院校和相关科研机构研修学习、交流访问的有利机会,提供举办相关大型国际性会议、担任海外重要学术组织职务的宝贵机会,加大开展与其他相关机构的科研合作和各类人才培养合作,为人才成长创造良好的环境和实践途径。其次,医院应根据学科和医院发展的需要进行人才的选拔和引进,在薪资待遇、学习机会、住房、子女入学等方面给予支持,增大对核心人才的吸引力。医院还要拓展引进人才的途径,如利用已有专家的名气、号召力吸引社会优秀人才,定向选招海外优秀归国人员等。对于一些特殊或急需的人才,更要给予优厚政策,迅速、及时地引进。在人才引进、利用中树立"非我所有、为我所用"的新理念,实行灵活的就业政策,通过科研合作、项目引进、候鸟工作等方式,扩大和提高人才智力引进效果。

(2) 重大任务牵引

重大任务主要是指医院承担的具有继承性、创造性、探索性等基本特征的医学科研活动。新形势下,医院承担医学科学研究的重要大任务已成为培养专业人才的重要载体。重大任务是培养研究人才的一块沃土,通过参与重大任务,研究型人才可以在科研实践过程中身体力行,参与项目组织管理以及寻求出国访问交流的机会。以重大任务为平台,引进优秀人才加入团队,是激励研究人员成才、提高研究人才素质的好办法。同时,重大任务也是检验研究型人才团队能力的一项标准,通过任务的参与程度与完成效果,可以考察成员的科研力和竞争力,检验整个团队的凝聚力和攻坚力。

(3) 辅助人员配置

研究团队的发展需要辅助人员的支撑和协助。辅助人员指的是核心人才以外,其他具有一定的专业知识和专门技能,在自己从事的专业领域和具体岗位进行创造性工作,为团队建设和发展作出贡献的人员。辅助人员要尽其所长,互补共进,务实高效,精诚协作。在研究团队管理中,需持续做好辅助人员培养、补充、使用三个环节工作,始终坚持全面提高与重点培养相结合、系统布置和优先保障相结合、量才适用和岗位回避相结合、个体追求和团队目标相结合、自我激励和团队关怀相结合、物质利益保证和精神追求满足相结合的人才工作要求。

(4) 构建创新团队

创新团队的基本表征是:有较强的研究能力和学术水平,有充足的科研经费和条件保障,有可行的技术路线和研究方案,有相当的知识产权积累和成果转化活动等。打造优秀科研创新团队必须建设一支结构合理、务实高效的学术团队。合理的学术团队配置是科研创新团队的精髓,有利于团队形成多元的思维方式和优势。一支团队一般要有一名学科领军人物,两到三名学术带头人,若干名学术骨干和多名学术发展力量。团队成员内部不同学科领域、不同认知层次的相关知识碰撞、融合会促进产生更多前沿新观点和新理念,促使团队获得更大的创新驱动力,充分发挥出团队内部的整体合力优势,产生一加一大于二的团队效应。

3. 受试者管理

受试者权益的保护是临床研究管理问题的焦点。在一些受试者参与的临床试验中,研究者、申办者往往对如何保护受试者权益规定不明、权责不清,从而发生了一些有社会负面影响的事件。因此,研究者必须在临床试验前明晰受试者的合法权益,其基本内容主要包括:① 受试者的自愿参与权;② 受试者的知情同意权;③ 受试者的个人隐私权;④ 受试者的人身与财产安全权;⑤ 受试者得到及时救治的权利;⑥ 受试者得到适当补偿的权利。

(1) 受试者招募

受试者招募应以保护受试者权益为前提,明确临床试验中招募对象的选择标准、招募方式、招募材料和发布途径(见表 4.1),强化招募过程的规范性、合理性、公平性。

受试者招募的基本原则:任何病人或健康志愿者都有加入试验研究的机会;招募受试者时应当结合受试者个人情况充分考虑其预期的风险和获益;所有招募材料、招募发布方式等都须经过伦理委员会的审查与批准;避免任何过度劝诱、强迫患者/健康志愿者加入试验,或以不正当行为影响受试者参加试验项目的真实意愿。

受试者招募的监督管理:药品监督管理部门负责监管受试者招募的合规性;伦理委员会审查批准受试者招聘信息的内容和形式;临床研究医院协助监管受试者招募信息的发布和招募过程;申办者、研究者对受试者招募的具体行为负责。

表 4.1 招募管理要点

细目	要点	
招募对象的选择	• 在招募受试者时,尽量兼具地域、种族、经济地位和性别等因素的考虑,除非试验设计特别说明并有充分科学根据; • 不能从参与试验本身或后续结果获益的群体不应纳入; • 对于弱势群体,在经济方面(如失业或低于当地居民最低收入标准者),需考虑给予的报酬或补偿是否存在引诱其参加试验的可能;在教育方面(如文盲、教育程度低于小学六年级者),需有措施保证其充分理解试验的同意书等内容; • 对于学生、军人或员工等参与临床试验,应避免出于被迫; • 在不同地域宣传和招募受试人群时,应考虑民族的风俗习惯和宗教信仰; • 试验申办者或研究者应在招募信息/广告中提供必要信息,以便伦理委员会对受试者选择的公平、合理性进行审查	
招募方式	• 现场招募:在临床诊疗过程中,研究者认为患者符合试验条件时,可以邀请其参加试验; • 公开招募:一般以公开、书面方式邀请患者/健康志愿者参加临床试验,如广告、海报、传单、网络、新型媒体等; • 通知招募:由研究者委托主管医生或研究助理向目标人群发送招募信息邮件;经授权后,通过检索医疗记录、病案登记等数据库,进行初筛,并致电患者进行招募; • 第三方招募:通过中介公司、其他医师介绍或协助招募受试者	
招募信息/广告的内容	内容应包括但不限于以下内容: • 试验项目的名称; • 试验目的,应注明此为"研究"; • 招募对象的条件(主要的入选、排除标准); • 受试者应配合的事项; • 试验联系人及联系方式; • 招募时间; • 试验机构名称及地址	内容不得有以下内容: • 任何声称或暗示试验药物肯定安全或有效,优于其他治疗和低估风险的误导; • 不适当的承诺,过度放大、夸张可获得"免费"诊疗; • 采用"新药"或"新治疗"的用语替代"试验药物"和"试验治疗"; • 使用含强制、引诱或鼓励性质的图片或符号

续表

细目	要　点
招募信息/广告的审查	伦理委员会应对试验目的、研究是否涉及弱势群体、是否公平选择受试者、招募内容、招募方式等事项进行审查,保护受试者不被诱导或胁迫参加任何临床试验,从而保护受试者的合法权益。 审查要点: • 招募对象选择时应遵循公平原则; • 招募过程应保证自愿原则,避免存在被迫的因素; • 提供的报酬、补偿需合情合理,避免过度劝诱或低估应有权益; • 注重受试者隐私的保护
招募信息/广告的发布	• 发布的内容和方式需经过伦理委员会批准,药物临床试验机构可考虑备案; • 发布的方式可选择:医疗机构内部、社区、新型媒体、网络媒体、公共宣传栏等; • 可被授权发布的组织或人员:申办者、药物临床试验机构、研究者、CRO、招募公司等
受试者报酬	报酬的金额和给予方式,应在初次递交伦理委员会审核时提供说明,且必须与"知情同意书"中相一致。如有变更,需再次经伦理委员会审批后执行。 • 给予受试者的报酬与补偿需合理,避免对受试者产生不良的影响; • 合理的报酬与补偿可包括:参加研究所承担的风险、营养补助、必要的交通费用和其他开支的补偿,如误工费、收入损失等; • 可根据试验的复杂性、随访的次数、花费时间等因素给予合理的补偿; • 给予受试者报酬支付方式应按实际完成试验的比例支付,而不应以受试者完成全部试验为条件; • 对于有高风险的试验,必须充分告知风险,不能将报酬或补偿作为经济诱惑
招募登记信息的处理	• 受试者招募时登记的信息属于机密性文件,试验任何一方均有保密责任; • 试验招募开始前和期间,任何未经伦理委员会批准通过的意向性受试者信息收集或"初筛"行为均被视为不当操作,一经发现,伦理委员会和药物临床试验机构有权责令相关责任人撤销该信息或终止该行为; • 试验招募结束后,无论受试者是否入组,登记的受试者信息都需及时销毁或封存并记录,且不得以任何形式进行泄露或交易

(2) 受试者隐私保护

隐私保护的主要措施:① 伦理委员会的审查。临床试验开展前,伦理委员会应严格审查试验中的有关受试者隐私及保密的措施,并作出是否同意开展的决定;临床试验进行中,也应全程接受严格的伦理审查监督。② 知情同意和知情同意书。隐私保护应写入知情同意书,并对受试者进行充分告知并以获取其同意,以使受试者知道他们的个人信息和隐私是受法律保护的。研究者应保证将会完全按有关法律规定和知情同意书等规定的要求予以合理适当地使用受试者信息,同时还应全面地告知受试者隐私保护的相关局限性。③ 试验文档管理。要求所有离开机构的临床试验研究数据或资料不应包含受试者的个人信息,任何研究数据或资料在离开机构前都应严格检查。在处理临床试验资料和受试者资料信息的过程中,应注意避免信息的非法或未经授权的访问、披露、传播、修改、销毁,任何人在被允许查询之前,管理员应检查其有效身份。此外,重塑临床研究资料保管的专用空间、营造"一医一患一诊间"的随访环境也是隐私保护的重要举措。

隐私泄露的补救措施:① 撤销对受试者个人信息使用的同意或许可。受试者本人或其监护人及其他经授权的家属可提出撤销对受试者个人信息数据的继续使用。在这种情况下,申办者或研究者应遵从受试者的真实想法,尽可能地将其个人信息数据直接从总数据中删除。若该数据已经发布使用或由于其他各种原因无法删除时,应尽快向受试者作出书面说明,并按规定提交伦理委员会存档备案。② 对泄露信息的相关责任人作出相应处罚。对泄露受试者个人信息数据或个人隐私资料的责任人可采取处罚措施,要求其立即停止侵害,向受试者赔礼道歉,消除给受试者带来的不利影响,赔偿相应损失。③ 对造成严重后果的承担赔偿责任。受试者如因其个人信息或隐私遭泄露等而导致其个人生活受到影响、名誉受到损失、精神受到损害的,可依法通过诉讼途径主张赔偿。

研究各方的责任:① 研究者的职责。研究者对受试者隐私保护的认知和态度,关乎受试者隐私保护的具体实行和最终效果。对受试者隐私的妥善保护不仅是临床研究的伦理要求,也是研究者与受试者建立信任、确保研究顺利开展的保障证。在研究准备阶段,研究者应重点关注研究方案中保护受试者隐私的措施,制订详细可行的隐私保护方法和规则。在研究进行阶段,研究者应督促研究人员保护受试者的隐私,特别要注意避免在私密性不强的场所谈论受试者的隐私,避免隐私被无意间泄露。② 申办方和数据管理公司的责任。一是建立健全数据信息保护体系,以适应临床研究日益依赖于电子系统的现状,满足大数据运用(Big-Data Application)和基于风险的监查(Risk-Based Monitoring)双战略实施的要求。二是全面评估隐私数据的影响,主要包括对受试者隐私数据进行操作的缘由及目的的评估、对受试者隐私数据处理的必要性评估、对受试者风险及其应对措施的评估等。三是数据操作规范化,主要包括重点数据的脱敏计划、隐私泄露后应对策略等SOP制订、安全可靠的数据库建设、定期的第三方审查、创建知情同意书/临床研究报告模板等。

(3) 受试者损害处理

损害处理的基本原则:① 及时性原则,作为处理受试者临床试验中索赔请求的首要原则,主要包括受试者出现不良事件时的及时救治、受试者提出赔偿申诉时的及时赔付、提前制订风险预案以及时保障受试者权益等内容。② 依据原则，一是遵从事实依据，主要包括临床试验合同中关于受试者损害处理的条款、知情同意书中的损害赔偿条款、不良事件（Adverse Event，AE）或严重不良事件（Serious Adverse Event，SAE）的原始记录等；二是遵从法律依据，主要包括法律法规、指导原则、管理办法以及其他规范性文件中对受试者损害赔偿处理的相关规定，以及归责原则在临床研究致损赔偿中的具体适用。③ 保护原则，主要指全面、充分地保护受试者以做到应赔尽赔，平等、无差异对待受试者以做到采取相同标准赔偿受试者，协调帮助受试者以厘清、督促研究者或申办者履行赔偿责任，合理赔付受试者以明晰保险公司和申办者的赔偿顺序、额外补偿等。④ 监督原则，主要包括伦理委员会通过跟踪审查或现场调查方式对受试者损害处理进行监督，医疗机构内设的医疗安全主管部门对受试者损害处理工作负有监督检查管理之责，省级药品监管部门会同省级卫生行政部门对临床试验中受试者损害处理情况有权进行监督管理。

损害赔偿的处理流程：① 索赔申请。受试者可向临床研究医院或研究者提出赔偿要求并提供必要的支持文件。临床研究医院及研究者应及时通知临床试验申办者，并向其提供临床试验合同、知情同意书、原始记录等相关证据材料以及赔偿处理意见。相关当事人对证据材料的使用应当仅限于处理赔偿工作，且对证据材料的归集仅限于"能够支持"赔偿工作顺利开展，而不得将受试者的个人信息泄露给无关第三方或者另作他用。② 赔偿协商。申办者应尽快委托专门人员与临床研究医院及研究者就相关性判定、后续治医疗方案和治疗费用进行协调、处理，并具体商议临床研究医院赔偿事宜。③ 赔偿的实施、跟进和完结。如果相关性不能排除，依据相关法律法规、临床试验质量管理规范以及知情同意书相关条款，申办者需与受试者协商并结合 AE/SAE 原始记录中相关性的程度，按照适当的比例对受试者进行赔偿。若协商未果，可以借助第三方的力量通过诉讼、调解、仲裁等途径来获得较为公平的赔偿方案。

相关免责情形：在临床试验过程中，并非造成受试者损害就一定会产生赔偿责任。申办者、临床研究医院及研究者无需承担赔偿责任的情形也有一些，通常包括：受试者或者其近亲属不配合研究方案的指引而导致的人身损害；研究者在抢救生命垂危的受试者等紧急情况下已经尽到合理诊疗义务；受试者原患疾病的自然进展导致的人身损害；其他并非因执行试验方案而导致的人身损害。

4.2.2　项目管理

临床研究的项目管理贯穿于项目设计、评审、启动、实施、结题的全过程，但在项目管理的不同阶段需要关注的重点方面与解决的具体问题有所不同。丹娜法伯/哈佛癌症中心(Dana-Farber/Harvard Cancer Center,DF/HCC)拥有较为成熟的临床研究管理体系对临床研究全过程从不同层次、各个环节进行支撑和监控,从而使研究能够有序、规范地实施。

1. 项目管理现状与存在的问题

临床研究医院所拥有的大量病例资源及临床实践经验成为开展临床项目研究的独特优势。但是大量科研项目的出现,也对临床研究医院的项目管理工作提出更高的要求。

(1) 快速增长的项目数量导致管理相对乏力

以北京某个研究所的临床研究项目为例,在其 2012 年申报成功的 5 个项目中,有 1 项出现了经费问题,还有 1 项申请延期;随后,2014 年申报成功的 4 个项目当中,又有 3 项出现了不同程度的经费问题,另外还有 1 项经费执行不到位;2016 年申报成功 5 项,有 1 项存在经费问题。通过这个案例可以看出,多数项目虽然申报成功,但在后续实施过程中仍会出现各种各样的问题,有的是因为经费问题,有的是因为协调能力不足,甚至于一些项目不能如期完成或达不到预期效果。临床研究医院主要以科学试验为主,因此会面对较多繁杂的项目申报。在项目申报前期,医院大都积极引进资金,鼓励研究者积极申报有关项目,但却往往只注重了开头,而未就申报项目进行通盘考虑,未注重整个临床研究项目的流程管理与质量控制,由此导致实施过程中问题频出。

(2) 缺乏对临床研究项目的预检和督察

现实中有部分医院科研气氛较为浮躁,只关注项目的成功申报与顺利结题,对研究项目主要环节缺乏把控,导致最后项目进展缓慢甚至中止。这就需要临床研究医院的相关科研管理部门对项目主要环节进行预检与督察,如若发现问题,可及时向上级汇报,并给予适当的可行性改进建议。这不但有利于科研项目的顺利进行,减少项目存在的"瑕疵",提高项目完成效率,而且有助于提高研究者对于该项目的重视程度,增强其在项目进展中的责任感。特别地,在科研经费方面也欠缺专业性督察,一些研究者可能具备较强的科研能力,但是对于经费财务问题却不一定擅长,因此,在项目进展中对于经费的使用往往不够规范,缺乏科学合理的管理制度。这就需要临床研究医院安排相应的专业人才提前制订使用计划,并结合研究进展及时作出调整。

(3) 多层级管理不利于信息流动和资源整合

传统的医院项目管理一般采用由外向内、由上至下的静态管理方式,呈现为金字塔形的等级组织体制,其管理模式具有层次分明、逐级推进的特点。信息从组织体制的底层向顶层传递,决策从顶层向底层流动,顶层掌握了较为全面的信息,然而底层之间缺乏交流,存在较大信息鸿沟,导致医院管理整体面对临时变化与调整反应不敏捷,不能适应持续变化的现实需求,与现代临床研究医院项目管理存在较大的需求差异。临床研究医院重大项目管理的显著特点之一就是在各科室高度分化、各司其职的基础之上实现科室间的整合统一和跨学科交流。与传统模式的等级制体制不同,现代项目管理模式偏向于扁平化式管理,尽量简化中间环节,使科研管理部门与项目组、项目组内部之间信息交流更加及时、畅通。

(4) 科研平台对项目实施的支撑作用有限

当代临床医学研究离不开前沿生物科研成果的支撑,如基因技术、生物工程等。临床研究医院的诸多重大项目,对科研资讯、科研平台的需求日益增长。但由于多方面的原因,目前许多医院的科研平台建设与管理仍处于滞后状态,分散、割据式"小作坊"的管理现象较为常见,资源配套跟不上、技术落后等弊端与研究项目平台需求间矛盾日益显现。加强项目管理、整合科研资源、搭建完善共享的科研支撑平台已经成为现代临床研究医院在进行项目管理建设时需要重点关注的基础环节之一。

2. 科研项目主要环节把控

临床研究可由申办者发起,也可由研究者发起。一项临床研究启动前,特别是由研究者发起的临床研究项目,通常需要研究者就研究是否符合豁免试验用药物(Investigational New Drug, IND)申请进行较专业细致的合规性论证;另外,临床研究医院还应组织相关部门和委员会对符合开展要求的研究项目,就其科学性、伦理性、财务经费等方面进行启动前评审评。

(1) 法规事务咨询

在临床研究中,有不少研究者作为发起人向药品监督管理部门提交新药临床试验 IND 申请。通常的情况是,研究者因为具有独立开发新药的能力而拥有新药的知识产权,或者研究者有意通过临床研究验证以改变现有的药物"说明书"或"旧药新用"。因此,临床研究医院可依托法务部门专门成立法规咨询志愿服务队伍,为研究者提供临床研究相关的法规咨询服务。

(2) 科学与和伦理审评

申请一项临床研究首先应进行同行专家审评,着重考察研究项目的科学性与可行性,审验主要研究者、领衔研究团队的相关资质。然后,将临床研究方案、统计分析计划和疾病组审评意见送交科学审评委员会进行评定审议,对临床研究的设计、理论基础和实施的科学性进行审评,确保方案设计的科学性和合理性。在开展多中心临床研究时,各参与研究机构的资质审核材料也应当提交到多中心临床研究委员会进行审查,以确保所有参与的研究机构皆能满足承担项目的要求并接受临床研究医院有关临床研究的统一政策。最后,修订完毕的研究资料须提交到伦理委员会进行审评,获得相应批件后即可启动该项临床研究。

(3) 研究经费审核

临床研究医院的财务与法务部门应当负责临床研究的经费审核以及合同签署。主要研究者或其授权的相关人员可以参加谈判,但合同的具体细节和法律审查须由财务专业人员和法律专业人员完成。经过以上流程,临床研究便可以进入实施阶段。一旦开始,主要研究者所在的临床科室便可加入到研究中。

(4) 临床研究监查

对于申办者发起的临床试验项目,申办者须派出监查员对项目进行定期的监查和原始数据核对。对于研究者申办的临床试验项目,临床研究医院可设置专门的监查队伍,承担此类项目的监查任务,以满足药品监督管理部门的要求。

(5) 入职培训

临床研究医院需要为医院所有研究者(包括主要研究者、辅助研究者、助理研究者、协调研究者等)提供入职培训和定期的专项培训,以帮助新员工尽快了解医院的基本工作流程,更好地适应工作角色、融入新的工作环境,同时帮助老员工不断学习、进步,提升其科研能力、操作能力。

(6) 临床研究工作协调

临床研究中存在诸多协调工作,如定期召开临床科室研究者会议,了解各科室临床研究现状,交流、分享工作经验。再如,不定期召开实验药房、检验科、病理科、心电超声科等科室间的协调会议,强化为临床研究提供公共检测服务的辅助科室的参与能力,优化诊疗流程,提高工作效率。

(7) 临床研究科室支持

临床研究项目的最终执行与具体实施是由临床研究医院的各科室和主要研究者来承担的。一个研究团队除了主要研究者和辅助研究者之外,通常还配备临床研究护士、临床研究助理。在国外,每个疾病组或科室一般设有自己的临床研究经理/总监,负责总体协调项目的安排;有的科室还设置临床研究法规协调员,专门负责收集、整理和递送试验项目中所产生的各类文件;某些科室还配备了项目日程助理,专门负责患者访视计划安排。临床研究医院应不断优化研究团队的工作内容,以使研究工作的分工更加细化和专业。

(8) 临床研究安全问题与质量管控

在整个临床研究项目推进过程中,可能会不定期接受申办者临床研究管理部门的检查,项目执行情况应当按时向各种专业委员会汇报,如临床研究"数据监察委员会""伦理审查委员会""临床研究管理委员会"等。

经申办者或临床研究医院确认临床研究可以终结后,临床研究科室和主要研究者将按照相关规定与 SOP 办理项目结题。主要研究者作最后的科研总结报告,临床研究助理负责处理剩余的研究物品等，协调员负责向相关部门递送文件，登记项目结论题事项并保存相关文件，财务部门则负责项目经费的结算等。

4.2.3 数据管理

数据管理是指为有效发挥数据的作用，对数据进行收集、存储、处理、应用、保护等相关活动的总称，其大致经历了人工管理、文件系统管理、数据库系统管理三个发展阶段，且对数据的质量要求也不断在提高。临床研究数据管理，即是针对临床研究数据进行的数据管理活动，属于临床研究的一部分，贯穿整个临床研究周期，它主要采用规范化的流程保证临床研究数据的完整性、准确性和安全性，以满足临床研究机构、研究者、申办者等主体的预期和要求。

1. 单个临床研究的数据管理

单个临床研究的数据管理，是指针对某一具体临床研究的全部数据展开的全过程管理活动。《临床试验数据管理工作技术指南》是进行这方面数据管理的重要参考，单个临床研究数据管理的主要流程如下：

（1）制订临床研究方案

临床研究方案是所有临床科研项目中的核心，一个科学完备的临床研究方案是促进整个临床研究高质量进行的重要前提。它实际上是整个临床研究数据管理流程的开始，其中涉及数据的采集、质控、分享、传播的内容与方式等。在制订临床研究方案过程中，可以参照《药物临床试验质量管理规范》或临床试验方案规范指南（Standard Protocol Items：Recommendations for Interventional Trials，SPIRIT）中推荐的模块和架构。

（2）临床研究注册

《世界医学协会赫尔辛基宣言》指出"在第一个受试者招募前，每个临床试验都必须在可公开访问的数据库中注册"，这一点同时也是高质量的临床研究论文发表的必需条件之一。接受临床研究注册登记的国际机构主要有美国 NIH 的 ClinicalTrails.gov 和世界卫生组织（WHO）下属的国际临床试验注册平台（International Clinical Trials Registry Platform，ICTRP），国内也可以通过 WHO 的一级药品注册机构中国临床试验注册中心（Chinese Clinical Trial Registry，ChiCTR）注册。注册时除要在线填写研究项目的基本信息外，通常还需要提供项目研究方案、伦理审查批件以及受试者知情同意书等相关资料文件。

（3）制订数据管理计划

数据管理计划（Data Management Plan，DMP）是在研究项目正式启动前而制订完成的、描述整个研究项目周期内各项数据处理情况及相关质控措施的规范性文档,包括整个项目进展中以及结项后数据收集、组织、处理、存储、共享和复用的全过程,其主要目的是保证临床研究数据的完整性、准确性和安全性。在药物上市前的临床试验注册中,DMP 早已成为必不可少的关键文档,但在临床研究中近年来才得到重视。美国 NIH、NSF 等机构要求科研人员在提交项目申请时一并提交研究数据管理计划。目前我国对于临床研究项目申报并无此项硬性规定,但是由于国家给予的支持资金数额以及申报项目数量的飞速增长,将对项目数据管理、数据质控提出更高的要求,高质量的全面数据管理将是必然的趋势,而 DMP 具有十分重要的作用。

(4) 临床研究数据采集

多数临床研究都历时较长且希望有较多受试者参与,以便从中捕获、分析影响疾病发生、诊疗和预后的关键因素。因此,快速且准确地大量采集临床研究的基础数据至关重要。一方面,与临床研究相关的所有重要临床信息,一般都会以病例报告表(Case Report Form,CRF)的形式收集。因此 CRF 设计的科学性、实用性与规范性对于临床研究的质量具有决定性意义,而简洁明了的页面呈现、清晰顺畅的流程设计、规范化的字段设计、标准化的编码操作以及易于建库分析是设计良好的 CRF 的基本要求。另一方面,临床数据采集也离不开电子数据采集(Electronic Data Capture,EDC)系统。其中,基于本地的单机 EDC 系统简单易学且基础功能相对完善,可适用于一般性临床研究;基于网络的云存储 EDC 系统除提供基础录入功能外,还能提供更为全面的权限控制、逻辑检查、数据溯源等专业功能,可适用于多中心临床研究或较为复杂的临床研究,但建库和维护成本较高,对相关技术人员资质要求也较高。

(5) 临床研究数据核查

面对质量要求较高、数据容错率较低的临床研究,即便是采用双录入方式录入的研究数据,也必须经过全方位的核查,以保证数据的完整、准确、有效。《临床试验数据管理工作技术指南》规定,数据核查内容包括但不局限于:确定原始数据被正确且完整地录入到数据库、随机化核查、违背方案核查、时间窗核查、逻辑核查、范围核查、一致性核查等。

(6) 数据资源的保存和共享

在临床研究工作结束后,如果研究数据能得到妥善保存和有效利用,对于研究者、研究机构,甚至整个医学科研领域来说都具有积极意义。而数据开放共享可以更显著地提高数据的利用度与研究的可信度,增强数据资源的跨领域利用、引用与互相影响,体现了研究者所应有的社会责任和科学精神。

2. 机构临床研究数据管理

机构临床研究数据管理应加强对宏观层面的关注,力求全面高效地记录存储整个临床研究的各项数据,并且能为整个临床科研数据集提供保存、利用以及共享服务。机构临床研究数据管理有利于广大研究者更好地检索与管理研究者自身参与过的研究项目或正在进行的科研项目、建立研究者个性化信息数据档案、提高自身科研学术影响力,更利于机构科研管理部门了解机构临床研究者、各科室乃至整个机构的学术水平,同时这也大大有利于本机构科研政策的制订及科研发展方向的确定,促进整个临床研究机构科研水平的稳定快速发展。机构的临床研究数据管理主要是通过临床研究知识系统实现的,其包括临床科研机构知识库与临床研究数据仓储库两个子系统,且这两个子系统可以相互读取、链接。

临床科研机构知识库(Institutional Repository,IR)是用以搜集、存储、传播以及共享各类学术机构高质量学术文献的内建型数据库,其传播范围不局限于机构内,机构外用户也可以共享资料,且具有服务于知识管理的重要功能。在科研机构知识库中,单个研究者的全部科研成果都将按照一定标准进行分类、罗列与存储。知识库会进行相应科研成果的跨部门收集汇总、跨层级分类展示,形成个人数据、项目数据、部门数据、机构数据的纵向结构。专业标准的机构知识库的建立,使得整个临床研究的科研成果得到了有效组织、管理和共享,突破了各类学术文献集成平台的访问制约,并且可以作为评价机构科研能力与科研现状的重要参考。目前各国临床研究机构和研究者已经普遍认识到机构知识库在数据管理方面的重要作用,但与其他国家的知识库相比我国已建设的机构知识库相关功能还不太成熟,数据的容量需要在长期的临床实践中逐步积累,知识库本身的开发也需要不断精进,才能更好地为研究所用。未来,机构知识库的建设与发展需结合计算机技术的发展、科研项目的运行流程、不同学科的特点来展开,不断优化其展示模块和分析模块,以更好体现总体科研水平。

在科研界,鼓励研究者将数据存储于所属学科的较权威数据仓库(Data Warehouse,DW)或者是跨学科综合性数据仓库是较为通用的做法。常用的 DW 有存储基因数据的 ArrayExpress 或 GEO,存储生态学数据的 Dryad 等。但是由于一些公共 DW 存在收费较高、个性化储存服务不佳等情况,国内外很多高校院所开始建设自己的研究数据仓库。相关研究显示,学科排名前 50 中的 17 所高校已经开展了研究数据管理的相关服务。建立临床研究 DW,方便注册和引用来自临床研究机构的数据集。与临床研究注册类似,通过注册为数据集分配唯一标识符,可以使科学数据成为独立、可引用和唯一的科学对象,促进科学数据的发现、参考和跟踪。此外,临床研究 DW 的建立更符合医学研究海量数据背景的特点,有利于对临床研究过程中产生的数据进行系统、有序地保存和再次利用。于此,需特别加强临床研究数据存储的软件技术和硬件技术,明确临床研究各方对源数据/源文件的职责,如表 4.2 所示。

表 4.2　临床研究各方对源数据/源文件所担负职责

1. 研究者的职责

1.1　熟悉法规要求　作为临床试验数据采集的前提,研究者应严格遵守 GCP 规范和临床试验相关的法律法规,熟悉申办方提供的临床试验方案、研究者手册及试验药物相关资料信息。

1.2　保证数据的原始性　研究者应遵守临床试验的记录要求,应确保以 CRF 或其他形式报告给申办方的数据准确、完整及时,而且应保证 CRF 中的数据来自于受试者病历中的源数据,并必须对其中的任何差异给出解释。

1.3　规范数据的修改　研究者应尽量避免数据的修改,特别是主观型数据的涂改和替换,确保临床试验源数据的修改是可溯源的、清晰的、同步记录的、原始的、准确的和完整的,对关键数据的修改应提供修改理由和依据。

1.4　妥善保存数据　研究者应保留试验相关的原始记录(包括但不限于由研究中心人员、受试者完成的记录)、CRF 数据、数据质疑表和数据修改记录。

1.5　注意数据的保密　研究人员应当严格保护受试者的隐私,禁止以非医疗、非教学或非研究目的泄露受试者的身份信息、病历等资料。

1.6　治疗信息的充分体现告知　受试者在试验期间如在其他医院就诊时,应把自己参与临床试验的情况,尤其是用药情况知会接诊医生。双盲试验中,后续揭盲用药分组情况应及时告知受试者,并保留相关记录。对于慢性病或肿瘤等临床试验,为保证后续接诊医护人员了解受试者参与试验的分组、疗效和安全性信息,作出合适的医疗决策,应将参与临床试验的相关记录以适当方式体现在常规医疗文件中。

2. 研究机构的职责

2.1　提供数据保存条件　依据与申办方的合同约定,研究机构负责按必要的存储条件及相应年限,妥善管理所有与临床试验有关的文件、CRF、病理标本和实验室检查结果及影像学数据以备各类检查。

2.2　对数据真实性负责　研究机构/主要研究者应对研究资料(包括但不限于知情同意书、原始病历、CRF、评分量表和方案要求的检验检查资料)的真实性负责。

2.3　组织相关培训　研究机构/主要研究者应采取措施,针对临床试验数据的管理要求,加强对参与试验的各类研究人员的培训。

2.4　配合数据检查　研究机构应配合申办方/CRO 公司派出人员的监查和稽查,以及监管部门的现场核查,对于数据记录和保存等问题,研究机构/研究者应予以及时反馈和改进。

2.5　保障医疗病历规范　确保医疗病历的记录符合卫生部的要求,如医疗机构的门(急)诊病历和住院病历应当标注页码或者电子页码,以保证记录的连贯性和不可替代性。

续表

3. 申办方/CRO 的职责
3.1 明确数据管理要求 试验开展前,根据研究方案对关键数据和关键流程作出认定,并与研究者/研究机构确认源数据和源文件的记录和保存形式,建议以"源数据鉴认表"的方式进行约定;对于主观型数据的记录应考虑记录方式,避免后续"无痕修改"的可能;申办方要与试验参与方达成协议,明确临床试验相关源文件的保存要求及年限。
3.2 确保隐私数据脱敏 申办方/CRO 应确保对受试者的识别信息保密,即不得收集能够识别受试者身份的信息(如姓名、身份证号码及联系电话等)。
3.3 严格数据监查 申办方应指派合格的人员审阅原始文件,并核实源文件和其他试验相关记录的真实性、完整性、及时性、一致性和持久性,CRF 的数据真实、完整并与源数据一致。以上核实适用于纸质或电子的源文件及 CRF。
3.4 规范数据修改 申办方应指导研究中心人员如何录入及修改 CRF;申办方还应建立 CRF 数据修改的流程并取得研究者的同意。
3.5 评估电子数据源的适用性 对于使用电子医疗记录系统的研究机构,申办方应评估该系统是否能确保数据的可靠性。
3.6 制订风险控制措施 试验前评估试验所需的源数据及所承载的源文件收集和记录能否满足 GCP 的基本要求;对于不能满足要求的系统,申办方应评估风险并采取相应的风险控制措施。
3.7 盲底告知 双盲试验中,受试者被给予的干预措施或药物处于盲态,揭盲后,申办方应尽快将盲底告知相应的研究中心和研究者,以便研究者进行记录并为受试者的后续治疗作出合适的决策。

4.2.4 药物管理

试验用药物管理作为整个临床试验的核心,贯穿于临床试验的全过程。加强试验用药物管理,对于保护受试者的安全、确保试验结果的科学可靠具有不可或缺的作用。

1. 识别药物管理的关键环节及常见问题

试验用药物管理是一个环环相扣的动态过程,涵盖项目立项、启动培训、接收、储存、分发、使用、回收、数据归档等诸多环节,贯穿于临床试验的全过程,要抓好试验用药物管理的关键环节,把控好试验用药物流动安全,科学规范管理试验用药物。

(1) 立项审核

① 主办单位未提供试验用药物符合 GMP 要求的证明文件;② 试验药品是由主办单位委托其他单位生产的,主办单位未提供相关授权文件。

(2) 启动培训

① 专业试验用药物管理人员未参加临床试验项目启动培训,或因试验用药物管理人员变动未及时对其进行培训和再授权;② 未将试验用药物的使用方法及注意事项告知临床试验所有相关人员;③ 试验用药物相关剂型标志记录表格设计不明确,可操作性较差。

(3) 试验过程

接收:① 在申办者寄送过程中,未严格按照药物储存要求保存并记录温度、湿度,也无法杜绝超温、过干情形;② 试验用药物供应不及时,导致试验过程中异常退停药;③ 运输交接单有误,与实际药物信息不一致;④ 试验用药物收放记录批号不一致。

储存:① 温度和湿度记录不及时、漏项,出现超温现象而未及时处理;② 温度和湿度记录者非试验用药物管理人员;③ 需要特殊储存的试验用药物未按要求适当保存;④ 如果温度和湿度超出正常储存要求,试验用药品管理人员应立即启动药物隔离机制,被隔离的药物禁止继续使用,同时联系申办者确认所涉药物是否可以继续使用。如果试验用药物可以继续使用,应向申办者取得书面文件,并提交伦理委员会,获其同意后解除隔离;如不可使用,应将药物退回机构药房或申办者,并做好相应记录。

分发:① 试验用药物管理人员操作失误,提前进行随机化,破坏了试验的随机性;② 受试者日记卡填写不标准,应加强对受试者的教育,提高其用药依从性;③ 试验用药物的使用记录修改过多或不规范。

回收:① 若发生受试者漏服、多服或丢药的情况,应当仔细询问受试者,并认真如实填写记录表;② 试验用药物收放记录不一致,前后数量不吻合;③ 试验用药物退回申办者时仅记录退回包装盒数量,未对盒内具体剩余药物进行清点;④ 各科室在机构药房收退试验用药物的记录存在缺失、遗漏;⑤ 机构药房库存记录不全,与试验用药物的实际使用和回收数量不一致。

质量控制:① 申办者派出的检查员未严格履职,试验用药物管理中存在的问题未及时发现并整改;② 机构和专业质控人员未严格履职,未能按照试验进度和质控计划及时进行质控,质控流于形式,不能及时发现问题。

2. 明确药管理中各方职责

申办者/CRO 职责:① 负责为研究者/机构提供试验用药物,确保试验用药物的制备符合临床试验用药物生产质量管理的相关要求;② 试验用药物应按照试验方案的要求妥善包装,标签上应注明仅用于临床试验;③ 明确规定储存温度和湿度、运输条件、储存时限、药物溶液的配置方法,以及药物输注的器械装置要求等;④ 试验用药物的使用方法应告知试验相关的所有人员;⑤ 确保试验用药物的包装在运输、储存过程中不受污染或发生变质;⑥ 试验用药物应当附有相应说明,明确相关使用、储存和记录要求;⑦ 制订试验用药物的供给和管理规程,保证试验药物的供应;⑧ 将试验用药物及时提供给研究者/机构,满足其及时用药需求并保证药品质量;⑨ 及时提供在临床前研究和试验过程中获得的关于药物安全性及有效性信息;⑩ 申办者可通过书面协议将试验用药物部分管理职责委托给 CRO 来开展;⑪申办者/CRO 应委派监查员来核实试验用药物的供应、储存、配送、回收、退回/销毁均按照相关规定和程序进行,并做好相应记录。

  机构/研究者职责:① 机构应提供适合临床试验用药物管理的人员和独立试验用药物的药房,并指派有资质的药师或其他人员管理试验用药物;② 知悉药物的性质、效果以及安全性;③ 掌握申办者在临床前研究和试验过程中提供的有关试验用药物的信息;④ 按照试验方案以及有关药物管理规定接收、储存、领取/分发、退回/销毁试验用药物;⑤ 保证试验用药物按照试验方案使用,并向受试者说明试验用药物的正确使用方法;⑥ 确保试验用药物各环节原始记录的真实性和完整性。

3. 加强试验流程质量把控

  要提高试验流程质量,首先要从发起、参与试验的人员抓起,做好试验用药物质量控制培训工作。因此要制订相应的临床试验培训方案,对试验相关的所有人员进行培训,重点培训试验整体流程、试验用药物的规范使用与管理。该临床试验培训方案不仅要涵盖药物管理相关法律法规、管理规定和 SOP 等内容,还要对整个试验用药物管理过程进行精细化指导。同时,要着重加强研究者的培训,拉紧研究者对于药物管理的弦,强化研究者规范化意识。

  申办者是临床试验项目的发起人,是试验的重要主体;研究者是临床试验的践行者,对试验负有直接责任,两者都决定着试验的最终质量。按照试验用药物质控方案,对所有试验用药物进行全过程的质量审查,如若发现问题,应当尽早整改,并总结经验,不断完善试验用药物的管理。保证质量的最主要措施是监查,通过监查发现的问题应及时反馈给研究者进行整改,不断提高试验用药物管理的质量,可以借助 PDCA(Plan-Do-Check-Act)循环管理工具持续改善和规范试验用药物的管理。在临床试验中,科研机构一定要严守临床试验的法规及伦理制度,并在实践中不断总结、完善管理制度,进一步探索科学、规范、有效的试验用药物管理模式,临床试验所需的相关软硬件设施也应当一应配备,不断提高试验用药物管理水平,保障受试者的安全和权益,保证临床试验结果的科学、真实、可靠。

4.3 临床试验管理信息系统建设

临床试验是一个复杂的系统工程,研究者繁重的日常医疗工作和科研工作,使其很难有足够的时间进行临床试验,导致试验中出现源数据记录不及时、不完整或不准确等问题。同时,由于临床试验项目数量快速增长,管理人员不足,机构质量管控无法满足现阶段临床试验高质量、高效率、全过程监督的要求。因此,临床试验信息化管理是临床试验发展的必然趋势。目前,大多数临床试验管理系统都是独立于医院信息系统(HIS)的外部系统,临床医生需要分别操作临床试验管理系统和 HIS 进行记录,增加了工作量。因此可建立以 HIS 为基础的医院临床试验管理信息系统,并增加内网临床试验功能模块。

4.3.1 临床试验管理信息系统构成

为缓解临床研究者的工作负担,实现可溯源的数据核查,借助高效便捷的信息技术,临床试验机构可以开发或引入一套操作简单、管理方便、实时更新、可视化呈现的医院临床试验管理信息系统,并在全机构范围内推广使用,以提高临床试验运行管理效率,保证检测临床试验质量。

1. 用户管理

临床试验管理信息系统用户类型分为主要研究者、辅助研究者、助理研究者、研究护士、医疗技术辅助检验检查员、研究药师、药物管理员、机构管理员等。在系统中,根据各类人员的职能和分工,可设置相应的操作权限:主要研究者可以在其承接项目范围内看到全部的信息数据;辅助研究者、助理研究者、研究护士只被允许查阅某项目授权的内容,在授权范围内进行相应操作;医疗技术辅助检验检查员可以查看应用程序中研究者出具的相关医疗建议及医嘱申请;药物管理员可以在系统中进行试验用药物信息(药物名称、数量、批次、保质期、制造商等)的更新维护。当 HIS 接收研究者出具的用药处方时,药物管理员能够在线进行处方审核和发放所开试验用药物。机构管理员分为质量管理员、财务管理员和协调管理员。质量管理员可以及时查看系统中已授权项目的所有信息记录;财务管理员可以依照各种不同的需求制作相应的试验工作量统计表;协调管理者可以实时看到机构所有项目的整体运行情况。按照上述系统授权划分,各类科研人员各在其位,各负其责,可避免未经授权人员错误操作。

2. 项目管理

临床试验项目全流程管理的目标是通过流程的固化来简化临床试验项目管理的流程，提高临床试验项目立项审查、实施跟踪、结项评定的效率，并且将项目全流程的重要节点电子化，提高流程结转过程的便捷性，对于后期项目统计提供原始数据支撑。

（1）基础信息维护模块。试验项目开启前，机构质控经理应将项目最基础的数据录入系统，包括项目名称、申办者信息、主要研究者信息、辅助研究者信息、试验用药物名称、项目启动时间、合同中约定的入组例数、访视名称及观察费、每次访视所需检验检查项目及合同中约定的价格、每次访视对应的病历记录模板、试验中规定的违禁用药物等，以便于试验项目启动后，为其实施操作、组织管理以及与试验相关的工作量统计和查询提供数据依据。

（2）研究者操作模块。试验启动后，如果研究者在日常诊疗中发现患者的病情可能符合正在开展的临床试验项目，可以在系统中选择相应的临床试验项目名称。点击知情同意，显示该试验已获批的最新版本的知情同意书，与受试者充分交流、沟通后，如受试者表示自愿参加研究，研究者可与其签署知情同意书并将已签署的知情同意书以照片或扫描件形式上传系统。研究者应把上述知情过程完整记录在门诊病程上，而后点击申请，经机构质控人员核查批准后，即可进入后续试验受试者筛选的相关操作程序。

（3）自动提示医嘱。研究者对受试者进行访视时，受试者按照正常的诊疗流程进行挂号，研究者可在门诊或住院系统患者列表中找到该受试者，从受试者访视模块中选择相应的访视名称后，点击医嘱出具，本次来访视的免费检验检查医嘱将自动弹出，研究者核实后点击确认，即完成本次访视检验检查医嘱出具，这样就避免了每次访视需重复查看试验方案或流程图才能知晓如何开具检验检查的问题。另外，系统在开出检验检查单时自动免费，参与项目的受试者可凭申请单到相应的科室进行检验检查，无需提前支付检验检查费用再行报销。

（4）自动显示病例。试验项目的启动会举行前，机构项目管理员根据试验方案，需要把每个访视病程所需记录的内容信息录入 HIS，起草每个访视对应的病程记录模板并经辅助研究者审核通过后再将各模板按照访视次序依次导入医院临床试验管理信息系统。试验项目启动后，受试者随访需要填写访视病程记录时，研究者点击病历书写，则该访视对应的疾病记录模板自动弹出，便可根据该访视获得的各项数据结果在模板中补充完善相应内容，点击保存即可自动在 HIS 中形成一个完整的门诊或住院病程记录。这样既节省了研究者的记录时间，又不容易遗漏试验方案要求记录的原始数据。

（5）试验用药物管理。试验用药物管理员应在试验项目启动前，按照"药物名称+申办方"格式将试验用药物医嘱名称、缩写、效期、数量、制造商等基本信息输入到HIS药品库中,然后将医嘱与相对应的项目进行关联。在试验实施过程中,研究者可在HIS医嘱中检索到对应试验用药物医嘱,待其开具处方后临床试验药师可在线审核处方,并发放试验药物。试验用药物的处方可以在系统中操作,医嘱可溯源。

(6)突出标记受试者信息。系统对处于临床试验中的受试者以"临床试验+受试者姓名"形式自动进行特别标记。当机构其他科室的医师给该受试者看诊并开具非临床试验相关处置医嘱时,系统会自动弹窗提示"该患者为某项临床试验的受试者,开具医嘱前请与该项目助理研究者(姓名+联系方式)联系进行确定"。这保证了相关研究者能够及时掌握临床试验受试者的所有诊疗活动,避免受试者在研究者不知情的情况下进行相关治疗。当受试者中止或退出临床试验后,该标签将自动取消。

(7)违禁医嘱限制。全面梳理医院相同适应症临床试验禁用药物的一般类别,并在HIS中将医院每种临床用药归纳进不同的禁用药物类别。根据前期汇总的禁用药物类别表,在临床试验管理信息系统中把医院所有的临床正常使用的药物归纳成不同的禁用药物类别。在试验项目启动前,临床试验项目管理员可根据每个试验方案中禁用药类别要求,在医院临床试验管理信息系统中对该类药物进行限制。待试验启动后,当研究者对受试者进行筛选或后续随访时,或受试者去临床试验科室以外的常规科室就诊时,医生开具的药物医嘱属于该试验项目HIS中限定的禁用药物类别时,系统会自动限制该医嘱的开具。如受试者因病情确需使用该药物时,研究者需让受试者按照试验方案要求退出或中止试验,或向机构申请开通使用试验该禁用药物。同时,当受试者退出或结束试验后,所有限制自动解除恢复至正常。此限制可以从根源上杜绝禁用药物的开具。

3. 机构管理

(1)实施过程机构质量管理。临床试验启动与停止、受试者筛选与入组/出组,均需经过试验机构质量管理员的确认。质量管理员能够实时、可视管控试验流程中的重要环节。受试者签署书面知情同意书之后,研究者需要在HIS中记录该受试者的知情同意过程,并向试验机构提交筛选申请,待机构质量管理员给出同意筛选的审核意见后,研究者即可开具检验检查医嘱并安排受试者进行试验方案中的免费检验检查,待各项材料(机构质控入排标准、病历记录、外院材料等)审查通过后才准予入组。这样操作保障了病历记录的及时性和准确性,降低了误收受试者的可能性,有利于机构实时质控的开展。

(2)试验项目信息与工作量统计查询。通过医院临床试验管理信息系统,可以查看和导出每个试验受试者名单,包括项目信息、受试者登记号、访视/入组/出组日期等;同时还可以根据不同的检索条件(项目、科室、主要研究者、时间段等),导出符合医院财务要求的相应工作量统计报表,实现医院临床试验绩效工作量的实时统计,方便了医院的财务管理。

4.3.2 临床试验管理信息系统的优势

先进的临床试验管理信息系统现已成为各大医院提升医院管控水准、推进医院发展和转型的关键战略资源。智慧医院建设是医院迈向现代化的一项重要任务,是成熟的现代化医院的标志,也是全社会信息化数字化不可或缺的组成部分,更是医院适应改革、实现可持续发展的必然选择。

1. 优化人力安排,提高医疗效率

截至目前,国内已有诸多机构采用了临床试验管理信息系统,在临床试验实施的不同阶段和重要环节实现了质量管理与监督,但这些临床试验管理信息系统价格颇高、功能复杂、操作繁琐费时,且是独立于医院 HIS 的外网系统,难以与 HIS 进行有效融合和对接,不能对试验实施过程进行实时、可视和有效管理。本书所述的医院临床试验管理信息系统以 HIS 为基础,对其不足之处加以完善,以期形成一套功能齐全、技术先进的综合性信息管理系统。

本书所述的医院临床试验管理信息系统中的相关操作,与临床医生一贯的看诊、治疗操作相一致,也就是研究者在该系统中开具处置医嘱以及检验检查医嘱时,与一般看诊时所进行的系统操作并无二致,这样不仅有利于提高研究者对系统的适应程度,减少另外开具相关检查单和处方单的时间,同时也避免了无价值重复记录,提高接诊受试者的效率。临床试验管理信息系统能够实现访视提醒、限制模块的设计和查找功能,省去传统的手写步骤,能够提升记录速度、减少差错,并能及时纠正错误、及时准确地反映受试者信息。总的来说,临床试验管理信息系统的兼容应用,将会优化临床研究者及其他研究人员的工作流程,提升工作效率,进而提高医院整体的运行效率,使医院临床试验的承载能力大幅提升。

2. 实现成本核算,提升经济效益

智能化医院管理信息系统可以基于用户需求,制作符合国家标准的电子病历,并将其应用于医院远程诊疗中,为医院的统计工作与高层决策提供辅助依据。医院的可持续发展需要注重成本核算,本书所述的临床试验管理信息系统能够实现全程经济管理。该系统从源数据出发,对数据进行收集、分析,在满足医疗需求的同时能及时提取病人的费用,完成成本核算,实现财务一体化管理。另外,该系统还起着"查缺补漏"的作用。据统计,采用手工处理患者费用的医院,费用漏收率大约为10%,而且很多漏洞难以深入调查,只能根据相关人员的主观估计进行推测分析,这样极易导致财务失算。

采用该系统能够实现物资管理精细化、合理利用药物器械、降低运行成本。依据先进的理念将系统设计为全程封闭式的跟踪管理系统,从而有效减少库存,降低医院整体运行成本,提高经济效益和社会效益,提供更加全面准确的反馈信息,为医院领导层的管理决策提供科学依据。该系统具有可扩展性,能够为医院提供全方位的检验检查设备联机接口,为医院的现代化管理提供帮助。

3. 规范医疗行为,营造良好环境

传统的医院管理模式尚存诸多需要解决的问题,医院诊疗、护理规范化不强,工作质量不高。相比之下,临床试验管理信息系统具有明显的优势。在传统的管理模式中,各部分管理无法细化到每一环节,环节管理难度较大,工作效率低下,且各类医疗材料信息录入系统之后不能随意更改。医院管理信息化后,电子版文件存入与修改都较为方便,且有着严格、规范的制度;同时医院可以实行动态管理,各种信息可以按需记录、生成,充分满足研究人员与患者的需要。例如,可以随时统计出各科室在院患者的三日确诊率等指标。全过程实时管理有利于提升临床研究工作的质量,有助于实行管理控制,提高院内监管力度以及医护人员之间的内部监督。

临床试验管理信息系统建设将改变医院经营模式,促进医院树立"以患者为中心"的观念,进一步优化诊疗流程,建立标准统一、稳定性更强、功能更加全面的信息管理系统。一套完善、成熟的管理信息系统能够有效提升医院的信息管理效率,临床研究医院的各科室、各科研项目团队之间能够在系统的协调下有效合作,提升服务质量。医院使用该系统以后,能够大幅度缩减患者挂号、排队等时间,综合提升服务效率和服务质量,客观上使患者享受到全方位、高质量、隐私性强、个性化程度高、安全便捷的医疗服务。同时,患者及家属的满意度也随之提升,因此完善的信息管理系统对于缓解医患关系、减少医患纠纷的发生也具有重要意义。

总之,临床试验管理信息系统关注医院诊疗活动的财务管理(如划价、收费、结账等)、档案管理(如处方管理、病历医嘱管理等)、制度管理(人员权限管理、退费管理、发药管理等)、信息管理(统计管理、病案管理等)等各种相关管理工作,保障了各项工作的顺利实施和效率的提高。该系统为医院构建了一个综合运营管理平台,将各环节进行统一管理,提高了医院的资源利用率和运转效率,进而使医院综合运营管理流程更加科学规范,确保医院稳定运行。

4.3.3 信息化建设面临的挑战

医院临床试验管理信息系统通常由用户管理、项目管理、机构管理等功能板块构成,在管理和服务方面具有一定的便利性、效益性,但在整体功能发挥方面尚有提升空间,在实践操作环节还存在诸多问题,需要在建设过程中不断进行完善和优化。

1. 系统应用功能总体有限

临床试验管理信息系统虽然已经全面支持前台业务处理,但无法在后台数据分析方面有效服务于医院管理的科学决策,总体存在功能不全、不强的问题。我国医院的临床试验管理信息系统建设相较于发达国家还有一定差距。"以患者为中心"的临床试验管理信息系统尚未全面建成和普及,不能真正实现患者信息系统、诊疗操作系统、财务管理系统、档案管理系统等各子系统的有机统一。在医院管理工作中,采用数据库系统管理海量数据是一种有效的技术手段,也是现代管理模式优势之一。增强临床试验管理信息系统的数据分析能力成为突破管理质量瓶颈的重要一步,我国医院现有的数据库在数据量上有一定优势,但在数据质量上参差不齐,据此展开的数据分析难以支撑医院精准、高效、协同、可持续的管理对策的制订。如何提升数据收集能力、质量控制能力以及分析应用能力,既是管理信息系统建设的技术瓶颈,也是临床研究医院信息化建设面临的重大挑战。

2. 系统建设缺乏统一标准

在医院科研项目管理中,数字化应用可以进行量化,从而指导如何进行科学选题、辅助立项决策;同时也有利于拓展研究范式,实现资源共享,提供个性化服务,促进成果转化,创新评价体系和优化资源配置等。但由于目前医院信息标准化程度较低,一方面医院各部门之间信息传递存在障碍,导致存在业务重复操作多、处理时间长、管理易出现错误等问题;另一方面也很难实现医院与医院之间的信息资源共享,导致海量的患者相关诊疗数据、试验数据以及相关内容的统计数据等宝贵资源无法进行有效交流,弱化了信息系统在促进科研创新方面的优势。此外,信息的分类代码、信息处理的流程、报表的格式等都缺乏统一的规范与标准,这使得管理信息系统存在数据流动和跨院兼容等问题;同时软件产品的通用性和灵活性差,导致软件升级及扩展困难,资源难以共享,数据瞬时传输、分析等不易实现。

3. 系统安全尚缺有效保障

信息数据很多都包含个人隐私、科研机密、商业秘密等相关内容,一旦发生泄漏、篡改、滥用可能会造成不可挽回的损失。在数据存储方面,当前的云存储技术对于数据的及时处理与保存还不尽成熟,加之海量信息的实时传输可能导致临床研究医院网络的信息传送速度减慢,影响其他重要数据的整理分析速度。临床试验管理信息系统当前没有与外网断开连接,故在数据传输中存在风险,比如出现伪装合法用户、被黑客攻击等,都会威胁信息安全。同时,临床研究医院的相关科研信息、文档信息等也可能会因为互联网本身所具有的开放性而存在外泄的隐患。

此外，在系统维护中，硬件也是很重要的一个方面，一旦发生严重的硬件故障而没有被及时发现则会造成数据丢失。因此，通过优化各种技术和管理措施，保障系统正常运行进而确保数据的可用性、完整性和保密性至关重要。

4.3.4 应对策略与办法

1. 结合医院实际进行管理信息系统建设

管理信息系统的规模大小具有重要意义，它为后面的整体规划奠定了基调。规模宏大的管理信息系统可以覆盖医院信息处理中的所有部门、各个流程，能够处理多样化的图文声像信息（患者的身份、医疗、财务信息，医院职工的人事、业务、财务信息，医院各部门管理的综合信息等）。规模较小的管理信息系统可以仅限于医院几个部门，解决少数的实际管理问题。大而全的系统具有较完善的功能，也是未来的发展趋势，但如果不考虑医院的现实情况，宏大的规划常常会造成小题大做的现象，造成资源浪费甚至失败。因此，在建设初期，医院应当明晰自身需求，找准医院本身对管理信息系统的定位，而后妥善制订实施方案，结合医院的实际情况，协调统筹，分步推进。

2. 利用院内外技术实力促进信息安全

管理信息系统的开发、应用、维护涉及计算机科学、医学、信息学和工程学等众多学科知识，因此，仅仅依靠计算机技术人员并不能很好地完成相关工作。大多数医院的计算机技术人员数量很少，很难独立高效地开发出高水平的系统，所以要与计算机软件开发单位合作。在选择合作单位时，要重点关注其技术实力、开发经验和维护能力，应实地考察其是否与医院在同一区域或在同一区域设有办事处，并评估其信誉情况。医院和合作单位应共同研究确定系统结构、网络平台、数据库平台和硬件配置等方案，然后就包含硬件设备、系统软件、软件开发、网络工程、使用培训和系统维护在内的一揽子产品进行价格谈判，商定出一个双方都能接受的合理价格。

3. 建设科研管理共享平台实现价值

构建并制订统一的数据格式和相关数据标准，研究数据收集、存储、整理和分析方法，收集历年的科研与医疗数据，实现与其他医疗科研信息资源平台的互通与共享，促进医疗科研管理的数字化和规范化，是医疗机构需要考虑的问题。来自上级主管部门和合作单位的外部数据，也是科研管理的重要信息，要对内部数据和外部数据进行分析和挖掘，减小信息不对称，实现需求与成果之间的对接，避免重复性的研究，提高成果转化的效率和效益。此外，建设一支适应信息化时代的科研管理队伍是很有必要的。这类科研管理队伍不仅需要具备收集、分析和解析处理数据的能力,还要能利用大数据技术挖掘数据背后隐藏的重要信息,为项目评审和后续的管理决策提供科学的支持,为科学理论研究提供进一步指导和信息化支撑。

4. 利用 ISO 标准建立医疗信息标准体系

临床医学概念十分丰富、多元,要切实通过科学规范推进各类医学术语的统一与标准化,使医学数据的编码与医学术语的标准化紧密相连,提高医学数据分类编码技术的科学实用性。对各类疾病、药品和诊疗操作术语等进行统一编码,提高疾病分类的细致度和精确度。尽可能多地收集国内或者其他国家已经相对较统一的标准和数据格式,不断充实数据库的标准代码,并在数据库中增加修改数据库标准代码的功能。否则,信息只能禁锢在医院范围内,造成信息流通障碍,浪费医院大量宝贵的人力物力。

5. 基于大数据理念协同各项数据处理技术

采用计算机网络技术,来设计和开发基于大数据理念的医院管理信息系统。在不影响现有医院各部门管理系统正常使用的前提下,通过对结构化、半结构化和非结构化数据进行采集、清洗、集中、整合与优化,构建大数据平台,改变传统数据流拓扑结构;通过批量数据载入作业,自动进行批量数据导出、导入与备份;利用数据库外部链接技术,实时更新系统数据,进行批量和实时数据集中;通过元数据管理,实现数据资源统一和规范化;通过数据库规范化和数据分区等技术提高数据存储优化;按照业务流程抽象模型驱动数据互用性;按照业务规则对数据进行横向(基础数据)与纵向(分析数据)处理并实现独立存储和有效隔离;强化缓存技术优化与更新,提供快速访问和瞬间定位能力,提升访问体验。

4.4 本章小结

快速增长的临床研究项目及其海量数据的产生,需要更加标准化、高效化的临床研究医院管理模式。通过临床试验管理信息系统的设计、完善并使之成为临床研究医院整体信息化建设的标杆,医院可以在现实业务经营与传统管理模式改革方面实现飞跃。改变传统的管理模式,构建新的综合性临床研究医院管理体制,有助于提高医院综合管理水平,全方面提升医院效能;能够促进医疗数据信息化、自动化,消除信息孤岛,促进信息共享等。这是临床研究医院持续、稳健发展的必经之路,是现代化医院战略布局中的重要因素。

第 5 章　临床研究医院生态系统建设

"生态系统"一词原本是生物学上的概念,是指在一定的时间和空间内,生物群落与其生存环境之间以及生物与生物之间密切联系、相互作用,通过物质交换、能量转换和信息传递成为占据一定空间、具有一定结构、执行一定功能的动态平衡的、不可分割的整体。如今,许多行业都引入了生态系统的概念,试图将产品、渠道、技术、终端等行业内外各方力量整合起来,在一定范围内形成一个良好的运行模式,从而打造行业生态系统。生态系使我们能够从整体的角度来看待整个行业的发展,并对其进行更深入的了解,让我们能够更准确地定位自己,并根据相应的行业特点更精确地整合资源。随着我国临床研究医院的逐步建立,构建临床研究医院生态系统已成为当务之急。

与一般的医院生态系统不同,临床研究医院生态系统有自己的特点。临床研究医院生态系统包括患者、志愿者、研究人员、政府、大学、外部企业、技术平台(互联网＋医疗、人工智能、大数据、物联网、云计算等)和服务平台(医学科研成果转化平台、医学投资平台、信息互助共享平台等)。构建临床研究医院生态系统主要包括构建以患者为中心的临床试验模式、加强临床研究领域的战略合作、建立临床研究数据管理共享平台、落实多学科诊疗模式、搭建临床研究医院生物样本共享机制、构建临床研究网络等。

5.1　构建以患者为中心的临床试验模式

与传统医院为普通患者提供治疗活动不同,临床研究医院专注于危重患者的临床试验治疗和医疗产品的临床试验检验,并致力于拓展可参与的治疗路径、提高危重患者的生存率。

5.1.1　以患者为中心的临床试验模式的发展背景

在以患者为中心的临床试验模式下,患者的身份发生了变化,从产生试验数据的受试者变成研究者的合作者。在传统的临床试验中,患者按部就班地遵循既有的试验程序,而在以患者为中心的临床试验模式中,患者(及其家属)深入参与到临床试验中,并在试验过程的各个阶段(包括研究方案制订阶段、研究方案实施阶段以及研究成果交流分享阶段)发挥作用。当然,患者仍要依靠申办者和研究者为其参与整个临床试验创造环境和条件,也就是说,患者参与的程度是由申办者和研究者决定的。

1. 以患者为中心的临床试验模式具有巨大价值

近年来,随着创新药物开发步伐的加快,临床试验变得更加复杂,患者(及其家属)的积极参与和充分合作是成功的关键。临床试验涉及多个利益相关者,包括申办者、研究者、监管者和患者。在传统的临床试验中,申办者、研究者和监管者之间的沟通是重点,而患者只是项目的受试者,研究者从他们那里获得研究数据,申办者在产品上市之前将研究数据提交给监管者进行审查。在这个过程中,患者是试验数据产生的源头,而在研究设计结果分析和总结阶段都不存在患者的身影。医药产品开发和临床研究能够提供尚在研究中的非上市医疗产品,满足患者对非常规临床治疗的需求,为医疗新产品的安全、疗效和审批上市提供支撑,使广大患者能够从相对成熟的产品中受益。因此,在整个研发过程中,从研究设计再到结果分析、总结交流阶段,都应该与包括患者在内的各利益相关者进行充分协商,甚至推动患者积极参与到这一过程中来,这显然有助于申办者制订更符合患者需求的研发策略,并在实施阶段促进临床招募,提高患者对试验的依从性,最终提高开发成功率。

从申办者的角度看,患者充分参与临床试验还可以扩大临床试验的影响,有利于产品上市后更好地占有市场。从患者的角度来看,以患者为中心的临床试验更加方便,减轻了患者参与临床试验的负担,提供的信息更加全面,有助于提高患者依从性和治疗效果。从研究者的角度来看,以患者为中心的临床试验有助于改进医患沟通模式,建立互信。因此,以患者为中心的临床试验模式对申办者研究者和患者都很有价值,如果成功实施,可以实现多赢。

2. 技术进步为患者全流程参与提供了现实可能性

患者需要与申办者和研究者实时沟通,而信息技术的进步为实时沟通提供了可能。互联网和社交媒体的发展使申办者能够直接获取患者对试验性治疗的评估和意见。例如,利用互联网和云计算技术,某公司开发了一个商业众包研究方案设计平台,允许包括申办者、研究者和患者在内的多个利益相关者通过该平台共同制订研究方案。在传统的临床试验中,患者需要到临床试验机构就诊,研究人员根据就诊时间表收集样本和收集数据,这限制了行动不便或出行不便的患者的参与,而且获得的数据只反映就诊时,而不能反映该就诊时点以外的其他时期的情况。但如今,可穿戴设备的发展和完善,使得研究者在整个研究过程中能够不间断地收集患者的数据,以患者为中心的样本收集使得患者可以足不出户地收集自己的样本。有了这些辅助技术,就有可能获得比传统临床试验更多、更全面的数据,从而更准确地评估试验药物和治疗反应之间的量效关系,使得数字和信息技术在临床研究中加速融合,并在大规模人群研究中显示出其价值。

5.1.2 以患者为中心的临床试验模式的具体做法

临床试验全流程如何以患者为中心一直是研究的重点,实施以患者为中心的临床试验可分为三个阶段:研究方案制订阶段、研究实施阶段以及研究成果交流分享阶段,如图5.1所示。

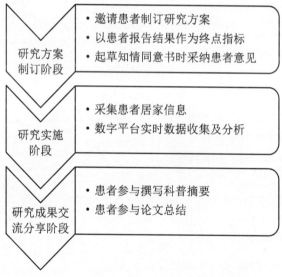

图5.1 以患者为中心的临床试验不同阶段

1. 研究方案制订阶段

在制订研究方案阶段,患者(及其家属)也参与其中,申办者和研究者通过方案可行性审查委员会或患者建议委员会听取并采纳患者的意见。特别是在选择主要治疗手段、确定访视时间和起草知情同意书方面,患者(及其家属)的意见对试验的成功非常重要。患者报告结果(Patient Reported Outcome, PRO)是指患者直接报告的、不经医生或他人解读的健康或疾病状况。PRO从患者的角度评估日常的健康和功能结果,提供有关疾病治疗和临床试验的独特信息,并作为了解临床试验中患者状况和评估研究质量的一种手段出现在越来越多的临床研究中。监管机构也提倡在临床试验中使用 PRO 作为结果的衡量标准,并公布了指导原则,以管理选择、识别、审查和采用可作为批准依据的 PRO 措施的过程。尊重患者的意见和制订方便患者的就诊计划可以极大地提高方案的可行性,降低脱落率。特别是对于观察期长、需多次进行访视、访视当天需进行多项测试或有特殊要求(如禁食)的研究,患者的充分参与对临床试验的成功实施尤为重要。知情同意是临床试验中极其重要的部分,是尊重患者和保护他们权利的重要措施。因此,知情同意书应根据患者的认知能力来写,并从患者的角度解释临床试验的目的、方法、益处和风险。如果在起草知情同意书时加入患者的意见,无疑将有助于患者理解临床试验,使知情同意过程更符合道德和法规,并有助于加速受试者的招募进度。

2. 研究实施阶段

在传统的临床试验中,实施阶段是以临床试验机构和研究者为中心的,患者需要根据预约时间到临床试验机构就诊、采集样本和测试。在研究的实施阶段,以患者为中心的临床试验不再局限于预先确定的随访点,而是更加注重利用数字技术采集多个维度和时间点的数据,包括患者用药、药代动力学/药效学数据以及生理和行为数据,且收集标本要最大限度地方便患者。在某些情况下,这些技术的使用实现了传统临床试验无法实现的操作。例如,对于哮喘和偏头痛等反复发作的疾病,使用这些技术更有利于在疾病发作期间获得数据和样本。

3. 研究成果交流分享阶段

患者(及其家属)参与临床试验的设计和实施,可在研究成果交流分享阶段发挥作用。美国和欧洲的监管机构要求申办者在研究完成后的一定时间内向临床试验注册网站提交科普摘要(PIain Language Summary,PLS)以及专业临床试验结果摘要。患者可以在讨论、审查和修改 PLS 中发挥作用。鉴于患者参与药物开发在医药界和整个社会中的重要性,除监管机构外,一些学术期刊也要求作者为其文章提供 PLS。参与设计、实施和讨论临床试验结果的患者的实质性贡献符合目前国际医学期刊编辑委员会认可的作者资格标准。专业研究人员和患者联合发表文章,表明了对患者贡献的尊重,有助于建立信任,增加研究全过程的透明度,推进整个临床研究的进步与发展。

5.1.3　以患者为中心的临床试验模式面临的挑战

临床试验数据的准确性、真实性、完整性、规范性是对试验药物的有效性和安全性进行分析评价的依据。以患者为中心的临床试验在研究机构以外区域采集得到的数据样本的真实性及完整重现性能否比肩于传统的临床试验,需要更多试验数据进行临床验证。现阶段,临床试验中实现以患者为中心的部分技术手段尚未完全成熟。以患者居家采集样本为例,目前的实现方式以干血斑技术为主,即指尖全血滴在卡纸上形成干血斑卡片的血样采集方式。与常规静脉采血方法相比,干血斑采集血量少、操作简单,具备生物稳定性和安全性,便于储存和运输。在严格控制条件的研究中,已证实干血斑与血浆中药物浓度具有良好相关性,干血斑血样的药时间线线性度、药物浓度的精密度和准确度均在可接受范围。但对患者居家采集的干血斑与研究中心采集的干血斑进行 PK 检测,发现居家采集的干血斑的 PK 结果变异度显著增高,这可能与患者居家采集时所填写日记卡的质量有关,因此还需要对技术进行优化,加强对患者的教育。

受试者保护在临床试验的重要性高于科学探索,以患者为中心的临床试验如何充分有效保护受试者隐私成为一个新问题。对于传统临床试验,申办者仅能收集到去标志化的编码数据,以此来保护患者隐私。而在以患者为中心的临床试验模式中,患者可能直接面对申办者,此时是采用技术手段使患者以去标志化或匿名的身份参与研究方案的制订,还是让参与方案制订的患者不再参加临床研究,目前尚无定论。一项评估不同剂量阿司匹林在动脉粥样硬化性心血管病二级预防中获益和长期疗效的随机对照研究,是对以患者为中心的临床试验的一次有益探索。该研究成立了患者审查委员会,患者全程参与临床试验的设计、实施及结果讨论,其指导委员会和执行委员会也纳入了患者审查委员会成员,以此确保患者的合理意见能够被采纳和执行。患者审查委员会成员的身份使患者转变成研究团队的一员,因此需接受与专业人员同样的伦理培训。但目前通用的伦理培训资源是以专业人员为对象开发的,并不适用于缺乏医学专业知识的患者,开发适用于患者的伦理培训资源是未来值得关注的领域。此外,将可穿戴数字设备用于数据采集,固然能够得到比传统临床试验更多维更全面的数据,但也带来了受试者隐私暴露的风险。在采用新技术的同时,应重视技术使用的规范性,保证受试者数据安全和隐私安全。

需强调的是,以患者为中心的临床试验重点在于促进和提倡患者深度参与临床试验全过程,其与传统的临床试验之间并无严格的区分标准,至少在现阶段并无像疾病诊断标准一样的判断标准来"宣判"临床试验是否以患者为中心。以患者为中心可表现在临床试验的多个方面,如目前越来越多的临床试验方案将 PRO 作为终点观察指标之一,这正是以患者为中心的一种表现,而促进患者参与的技术手段也正从理论走向实践,未来会被广泛应用。因此,临床研究医院和研究者们应重视和主动适应临床试验模式的改变。

总之,以患者为中心的临床试验模式在加快试验实施和治疗进程、提高成功率、降低成本和扩大影响等方面具有巨大的潜在价值,它同时强调和倡导患者积极参与整个临床研究,这已经成为业界的共识,也应该成为临床研究的主导模式。以患者为中心的临床试验模式要求申办者和研究者将临床试验的概念从"为临床试验寻找合适的患者"发展到"与患者一起设计和实施合适的临床试验方案",最终适应未来药物开发和临床试验的变化。

5.2 加强临床研究领域的战略合作

为了更好地促进临床研究医院的发展,实现医疗机构资源横向整合,临床研究医院应当逐步加强与其他机构的合作,促进自身创新潜力的释放和优势要素的挖掘。临床研究领域的合作模式可分为两类:产学研医合作和国际合作,以下将分别论述。

5.2.1 产学研医合作

产学研医合作模式让临床研究专家的创新科研成果快速转化,最终成为临床需要的医疗服务,打通"最后一公里",更好地服务患者。清华大学脑起搏器的成功研发和临床应用,即是在北京市科委、清华大学、北京品驰医疗设备有限公司、北京天坛医院等主体的共同推进下实现的,充分体现了"产学研医"合作模式的优势,在打破国外技术垄断的同时也在不断进行技术革新,如将远程程控、视频诊疗、患者管理等诸多功能融入脑起搏器中。

1. 国家战略需求导向

在科技经济全球化背景下,高校、医院、机构和企业之间进行的产业协同化创新更需要高校将相关科研成果直接与市场需求匹配。在此基础上,高校和企业、临床研究医院面向国家重大技术需求,深入开展研究,提高科技成果、信息资源和合作的匹配度。目前,我国有超过 300 万帕金森病患者,是世界上患者最多的国家。清华大学和北京天坛医院针对这一社会形势,不断开发和创新起搏器技术,所取得的里程碑式的成就引起了神经调节领域的高度关注。清华大学和北京天坛医院以国家需求、行业需求为导向,通过建立行业智库,加强对行业发展的研究和分析,进一步推动校企协同创新发展,提高校医企合作协同创新效率。

2. 优化校医企合作结构

高校、医院和企业之间的协同创新涉及高校和企业等多个主体的资源整合,需注重知识和信息的共享和互通、科技资源的优化配置和利益互补以及特定行为的优化。清华大学走在我国高校协同创新合作的前列,规范了合作伙伴选择的标准和原则,形成了比较成熟的校企合作模式。清华大学在"产学研医"协同创新中专注于核心技术的开发,而北京天坛医院则提供实时的临床反馈意见和建议。此外,清华大学脑起搏器案例的转化过程比一般科技成果的转化过程更复杂、更耗时,这对清华大学、品驰医疗和天坛医院之间的信息共享和行为联系提出了更高要求。通过整合资源、明确职责,最终科学、合理、高效地完成脑起搏器的改造。除通过与企业合作实现科技成果的产业化外,清华大学还建立了多样化的合作模式,以"求真"为中心理念,在创新改革中整合各种资源,优化学校与医疗企业的合作。

3. 发挥政府引导作用

要使学术型医疗企业参与协同创新取得成效,政府应充分发挥支持和引导作用,建立协同创新平台,对学术型医疗企业的协同创新进行明确指导和安排。自清华大学自主研发脑起搏器以来,北京市科委多年来一直支持高校、企业和医疗机构的合作。而且清华大学和医疗企业之间有一个比较成熟的科研成果转化体系,学校的投资公司也会在成果转化的后期提供资金支持。

5.2.2 拓展国际合作

随着国际一体化进程的推进及合作医疗发展速度的加快,加强医学国际学术交流培训与科研合作已成为国内医院谋求发展的重要手段,而加强国际合作也是临床研究医院生态系统建设的一个重要组成部分。

1. 国际合作的重要性

随着医疗服务效率的提高,我国的医院建设和医疗改革日益变得同质化,医院和医院之间的竞争也愈发激烈。日益激烈的全球化竞争也导致外国医疗技术和服务涌入我国。对于我国医院来说,积极参与国际合作与交流有助于提升其管理能力和技术水平。与此同时,我国在医学领域接触的国际学者和合作医院的数量也在增加。国家间的相互交流为双方提供了先进的理念和专业的治疗方法,促进了医疗理念和技术的融合。

在新医改的背景下,我国医院也只有加强国际交流与合作,才能实现有效管理并扩大视野。与发达国家相比,我国医院的管理水平和人才培养水平仍然不高,医疗理念也比较保守。通过与国际先进机构加强沟通与合作,可以为医院的发展创造尽可能好的条件。

2. 临床研究医院加强国际合作的措施

目前,我国医院的国际交流与合作可以分为三大类:第一类称之为"请进来",与外国高水平医院建立合作关系,由它们传授新理念新技术;第二类称之为"走出去",在组织海外研修时,我们应关注新技术和新知识,并进行实质性交流,以提高我们的全球竞争力；第三类是鼓励外国学生到我们国家学习，并完善相关的制度。

（1）提高人才素质，探索国际化人才培养方式

国际化人才具有的特点：有宽广的胸怀，有国际化的思维和创新的能力；具有包容性，具有良好的外语沟通能力，能够提出跨文化的观点，并能运用多个国家的思维方式；至少有一项业务专长；受益于外部学习和培训，能够对外交流相关经验。临床研究医院应以这四点为主要依据，加强员工的外语和国际思维培训。作为医院的负责人，在不断提高医院员工外语水平的同时，还可以根据不同科室国际化人才的需求定位，确定相应的培养目标和重点培养对象，并做好相关记录。同时，医院还应该有计划地鼓励员工积极参加国外的培训和学术研讨会，重视输送学科骨干到国外进行学术交流，将国际先进技术带回医院，以迅速缩小与世界发达国家的学科差距，提高医院的科研水平，同时积极培育中青年人才。

（2）建立临床医学研究合作网络

我们要通过加强国际合作，逐步构建生物医学全球科学协作中心网络。除了建立一个标准化的、以医院为单位的、可供多学科共享和对接的数据库以外，还应搭建一个国际多中心的以项目为基础的临床研究合作网络，共同开展研发活动，并以这个合作网络为基础，在更高的起点上培养人才。

（3）选择高水平的先进医院进行合作

随着国际合作研讨与学习交流的逐渐深入，我们认识到，与众多国外高校和知名研发机构携手合作，不仅可以充分引进优质研发资源，学习最新理念和先进技术，还可以快速培养高素质的研究人才队伍，促进自身创新潜力和创新优势要素的挖掘，迅速缩小与对方的差距。

5.3　建立临床研究数据管理共享平台

有效的临床研究通常需要依靠特定的数据库和标准化的数据。不同医院和部门的数据存在明显的"孤岛"效应，这导致有价值的医疗数据和信息被浪费了，因此迫切需要一个平台来管理和分享临床研究源数据。

5.3.1　促进临床研究源数据共享的现有经验和不足

近年来，美国 FDA 发布了多项倡导使用信息学研究数据共享的意见，并在各种指导文件中强调电子源数据的好处。我国药品监管部门、卫生健康主管部门也

在不断推动建设临床研究源数据管理与共享平台,但目前还没有一个可广泛使用的解决方案将医院信息系统与临床研究数据采集系统连通。此外,由于用于诊断和治疗的医疗数据十分敏感,医院通常以封闭的方式对其进行管理;同时,数据散落在各个系统中,大量非结构化数据难以使用、数据质量不高,这些都阻碍了源数据的电子化进程。

目前,美国各医院的数据库已经基本实现将结构化数据(如实验室测试结果)直接应用到临床试验中。在欧盟委员会的支持下,欧洲于2011年正式启动和实施了临床研究电子健康记录(Electronic Health Records for Clinical Research, EHR4CR)项目。EHR4CR项目探索在世界35个科学研究机构中能够直接地应用电子健康记录(Electronic Health Records,EHR)数据来进行相关研究的新技术解决方案,该项目已于2016年完成。

随着我国医院数字信息技术的不断进步,许多医院逐渐重视临床数据研究中心和医疗数据平台的数据标准化建设,对整个医院系统内大量的电子病历(Electronic Medical Record,EMR)等医疗数据资源进行深度整合、加工整理,并积极探索通过自然语言技术实现这一过程。我国也一直在积极推进国家层面的医疗大数据治理,并在区域层面试点开展上述治理工作,以期形成临床研究主要数据源。

美国在实践中更重视改进和规范现有的EMR,并使其统一。欧洲更加重视消除电子病历信息系统和临床医学试验诊断系统之间的重大技术障碍。然而,与美国和欧洲相比,我国的患者治疗数据主要存储在各医院的EMR库中。同时,我国有大量存储EMR数据的供应商,它们彼此间的标准也不统一。此外,管理也是实现电子源数据共享的障碍,由于医疗数据十分敏感,医院对EMR的数据共享十分谨慎。因此,美国和欧洲的经验不能照搬到中国。

目前,我们正努力利用现有的EMR数据,以期形成一个可自我维持的平台。该研究模式目前主要采用基于医疗大数据平台的临床研究评价方法,坚持以医疗数据研究为最终导向而并不只以医学研究发展目标为导向。然而,EMR数据本身可能存在一定质量限制及技术缺陷。高质量的临床研究需要事先进行优化设计,研究方法相对有限,只能尽量使用常规的研究数据分析工具来帮助解决。

5.3.2 创建临床研究源数据平台

基于以上讨论,以实现EMR源数据与临床研究源数据系统间的数据互联互通和推动临床研究源数据电子化为研究目标,考虑到临床研究数据敏感性,针对我国目前临床系统供应商过多、标准要求不统一的复杂情况,本书初步提出比较通用的中国临床源数据全面电子化标准解决方案:临床研究医院主动建立起一个相对独立于所有临床系统的能保持数据传输可控的临床研究源数据平台,整合医院内外所有的临床研究电子源数据,制订并采用数据通用管理流程,实现对医院临床研究全过程的管理。国家通过监督 EMR 数据的使用(包括患者的范围和使用数据的范围等),消除人们对数据安全和敏感数据使用的担忧。临床研究源数据平台将高水平的技术设计与高水平的管理设计相结合,实现了源数据的电子化。

1. 创建临床研究源数据平台的考虑因素

在创建临床研究源数据平台时,应考虑以下问题:

① 临床研究源数据平台建设应由临床研究医院或其所在母院的信息化管理技术部门主导,与数据处理系统相分离。

② 该平台以服务临床研究为主要目的,一方面为医生提供开展临床研究和管理研究数据的实用工具;另一方面,通过集中整合医院医生的临床研究过程为医院管理服务,确保研究的质量和完整性。同时,它确保医生在进行研究时能够以合理和可控的方式使用 EMR 数据。

③ 平台集中管理来自各临床研究医院或临床试验机构的各种源数据,包括与任何其他的数据源系统进行有效交换的数据,以及记录管理和自动收集各种专门为特定研究机构服务的源数据。

④ 平台应具有与治疗管理系统交换数据的能力,并能生成一个经过认证的副本数据库,用于同步存储治疗管理系统中的 EMR 数据。同时,平台应能对数据的认证部分进行一定程度的预处理(数据聚合、规范化和非结构化数据的结构化)。

⑤ 使用 EMR 数据的请求必须得到政府主管部门伦理审查委员会和公共信息部门的联合批准。数据处理、提取和转换过程都应有完整的记录和控制,以确保数据的可追溯性。

⑥ 平台应配备访问和权限的管理,使研究开发中涉及的源数据均可以规范授权给外部科研团队使用。

⑦ 平台服务器应具有统一格式的数据标准,以实现与外部系统进行数据同步传输。

2. 临床研究源数据平台的通用管理流程

平台的管理流程体现在两个层面:一是临床研究源数据生成和采集的数据层面,二是对整个临床研究过程进行监督的监管层面。

在数据层面,从不同来源获取的临床研究数据应该被严格科学地区分开,并分别加工处理。EMR 数据是临床研究数据中的一项重要内容,应至少在开始临床研究工作前确定其使用的范围(针对患者的数据),在平台批准可以使用它后,该 EMR 数据便可以直接作为认证的副本并与源数据平台保持同步。经数据平台处理后,EMR 数据便被自动转换为标准化的和高度结构化的源数据,并由人工进行验证。

在监管层面,对临床研究的各个环节实行集中化、电子化的管理,贯穿于研究项目的立项、数据准备、研究进行、研究结束的各个阶段。其中监管环节重视研究的伦理审查、EMR 数据使用的审查,同时由于研究者的研究行为均在平台上进行,因此系统可以完整、自动地记录研究者临床研究过程中源数据产生情况,同时可以对研究数据与源数据进行相互核对、稽查,实现了医院对研究过程的监管。

5.3.3　临床研究源数据平台设计细则

1. 整体架构的设计

目前,随着人工智能时代的到来,数据处理技术已不再局限于数据智能存储和智能化管理。以对数据进行有效地挖掘使用为主要目的,通过对海量医疗基础数据资源自动进行优化处理,高效实现医学临床基础操作、临床研究数据分析和综合医疗数据管理功能的一体化,已成为设计临床研究源数据平台的核心理念。

要建立临床研究源数据管理共享平台,临床研究医院首先要搭建好医院的医疗大数据平台。医疗大数据平台根据医学数据资源湖、数据仓储资源中心和领域数据资源中心各自的技术特点,将大数据资源系统划分为三层物理结构和一层逻辑结构。根据医院资产运营管理的特定要求,平台匹配出相应产品的信息存储计算方式和核心计算数据处理能力,形成统一、稳定、安全可信的企业数据资产中心,提供相应领域的增值应用功能和个性化服务。

2. 数据资源湖

数据资源湖是大数据中心系统内存储的所有数据资源的原始形态集,在数据技术逻辑层次上它也是操作数据存储(Operational Data Store,ODS)的一种延伸,其基本特点是数据处理速度慢但存储数据速度快。数据资源湖存储的数据包括医疗系统产生的各种原始医疗数据以及各种医疗任务产生的数据。数据类型主要包括结构化数据(行和列)、半结构化数据(如 CSV、日志、XML、JSON)、非结构化数据(如 DICOM 文件、电子邮件、文档、PDF、基因组学等)和二进制数据信息(如图像、音频、视频)等。实时收集的数据几乎不需要任何人工处理,这也解决了长久以来困扰各大医院门诊科室和各个医学院校的"数据孤岛"和"数据堆"的问题。

一般来说,数据资源湖的设计需要重点考虑两个基本因素:数据的结构化程度和单个文件大小。通常情况下,65%的分布式存储、35%的集中式存储以及传统的CPU 存储计算能力可以满足数据资源湖的要求。即数据资源湖不需要有太强计算能力,只要能有效处理数据存储即可。

第一,为不同应用层次的医疗数据的结构化处理设计了解决方案。存储可以是采用HDFS(分布式文件系统)、HBase(分布式存储系统)和Hive(元数据存储)等形式,也可以考虑使用超融合技术存储的传统数据库形式。这两类存储技术的最大区别在于,文件系统和直接管理文件资源的分布式数据库系统是不同的。相比之下,如果一个医院的数据量相对较少,采用分布式存储超融合则是首选技术方案;反之,应避免与其他Hadoop数据存储框架一起开发实施,以尽量保证在数据量持续快速增长时数据的最大存储利用效率,同时考虑解决数据的访问存储速度限制和数据安全备份等问题。

第二,为不同文档数据或单个文件数据存储设计了解决方案。单个数据或较大的单个文件进行数据存储时都完全可以通过直接使用非结构化的文档数据来进行存储。采用这种完全基于外部文件数据存储架构设计的解决方案,可以充分发挥外部文档数据存储框架的强大性能优势,进行更加灵活、集中、高效、可靠的内部文件数据存储和管理。外部数据库存储框架也有几种不同类型存储的模式,如集中式双活性存储、分布式网络存储和对象存储。

3. 数据仓储资源中心

（1）数据资产化管理

虽然我们已经将海量的源数据资源都以统一的方式存储在同一数据资源湖中,但各种数据资产在数据逻辑内容上仍然无法分离。各类源数据资产进入主数据资源湖中心后,根据主数据资产中的各种源数据资产管理要求依次进行数据注册、登记查询和数据库连接的操作,形成数据资源湖。数据进入数据仓储资源中心系统后,按照数据源的属性信息自动生成一级数据源和一级指标数据,然后根据国际医学术语规则和标准进行初步的数据治理,形成二级数据流。在同一数据仓储资源中心储存的文档数据之间必须建立一组相互对应关系键或关联索引,并最终由同一数据资源中心实现统一文档存储数据和权限管理。结构化文档数据之间对应的关系键是在文档关系数据库中建立起的,通过分别使用关联索引键和关联主键来实现。半结构化文档数据存储在同一个MongoDB数据库中,并始终与一个数据资产中心存储的某一个数据主键数据相关联。其他半结构化数据则在数据资产治理模块中事先设置好了索引与标签,与数据资产中心的业务主键信息相互关联起来后,被统一存储转化为一个具有自身业务功能和特定数据属性内容的数据文件。对于其他非结构化数据,文件信息存储要根据各类数据类型的功能特征、使用对象和存储转换机制等与该数据资产中心业务流程相关联。

（2）数据仓储资源中心存储和算力设计

数据仓储资源中心能够从数据存储资源湖的多个不同组织结构中接收存储数据,同时它也可产生海量数据,用于建设不同技术领域的全球顶级分布式数据资源中心。因此,数据仓储资源中心对海量存储数据库和云计算数据中心的需求要相对平衡。如果数据资源以结构化数据和半结构化数据为主,可以适当考虑增加分布式数据库存储中心资源;反之,可以相应减少。计算资源的开发建设与数据湖的开发建设模式是明显不同的。在向数据仓储资源中心自动分配结构化数据信息的过程中,需要各种超级智能计算技术或大规模并行分布式计算处理能力,包括:索引建立和关联树建立等过程所需的大量智能计算,处理大量半结构化数据过程所需的自然语言智能处理技术(MLP),人工智能识别海量非结构化数据时所需的巨大计算能力,以及数据仓储资源中心处理非结构化数据的计算能力。为了能确保充分使用自然语言处理技术来计算处理半结构化数据图像时所需的计算及推理能力,需要平衡地混合使用并行和平行资源,因此需要有效地平衡利用组合并行资源和超级并行计算的资源。通常情况下,当分布式计算和集中式运算的存储服务器资源基本平均分配时,相应的通用计算服务器和加速服务器计算的资源也基本平均分配。

4. 领域数据资源中心

(1) 领域数据资源中心整体架构的设计

对于数据仓储资源中心内的其他数据资源,可以统一将其划分为完全不同性质的管理区域,只重点关注其数据资产链的相对完整性和更加高效与安全便捷的存储管理服务。而对于各领域数据资源中心内的数据,必须重新进行定义,按照业务领域特点进行组织,并结合使用场景需求进行更具针对性的优化设计整理和存储。医院需要为医疗研究或服务机构建立内部临床医疗研究应用数据资源中心,为远程医疗或服务系统建立内部临床诊疗业务数据资源中心,为健康管理及服务部门建立健康医院运营管理的数据资源中心,为外部共享应用和内部交换共享服务部门建立外部共享互联数据资源中心。

(2) 领域数据资源中心的存储和算力设计

该细分领域中的数据资源中心提供的服务所产生的数据集可以用于SPSS、SAS以及其他各种实时分析软件。用户也可以利用这些高性能云计算增强设备上的计算应用能力进行数据分析和利用。因此,在建设中,可以考虑提高并行存储器或超级磁盘计算存储设备的存储容量,并采用大容量高性能的固态硬盘(SSD)设备或集中式全闪存(FL)设备作为其主要计算存储介质。通常情况下,将普通计算能力与超级计算能力的比例设定为1∶2最为合适,将分布式存储能力与集中式存储能力的比例也设定为1∶2。

5. 数据特性、存储和计算三位一体

由于医疗管理涉及大量复杂的、高度分散的应用系统,且非结构化的数据资源占大多数,与数据计算分析、信息存储以及资源使用管理方面有关业务的计算量非常大。因此,有必要为临床不同数据类型的大数据平台设计部署各种计算技术和信息存储处理资源,并考虑应用过程中遇到的各项关键技术难题,尽可能简化平台管理,更好地为大数据关联分析研究和医院智能健康大数据平台分析诊断提供专业数据服务。结合医院不同临床类型医疗数据应用的数据特点,参考国内医院数据库的相关平台建设情况,确定适合医疗大数据平台的相关数据特点、存储应用方案和平台需求的算力。在建设医疗大数据中心时,这种三位一体的设计思想使医疗数据资产安全管理中心能够合理利用底层数据存储技术设备特性和存储计算的算力,直接向用户提供医疗数据资源查询服务,从而做到在数据不需要离开医院的安全存储环境的情况下发现医疗数据潜在的价值,保证医院数据资产有效安全使用。

5.3.4　临床研究源数据平台建设的具体要求

1. 为特定疾病提供数据模型

数据标准的建立是数据治理的基础,也是数据治理的关键和目标。建立数据标准是解决临床研究数据库数据的整合、交换和共享的基本途径,也是挖掘数据潜在价值的基本途径。该数据模型应充分涵盖医院临床诊断研究和疾病治疗方面的各个真实医疗应用研究场景,避免内容冗余;应定义相关字段,包括每个字段的源数据格式、字段长度、值字段、内容及约束规则等,并要求制订出统一完整的约束规则;也应明确规范模型中的数据源之间存在的各种映射关系。此外,考虑到医院各学科建立特殊病种数据库的个性化需求,医院可以构建通用版的特殊病种标准数据集模型框架,映射"通用数据集-医疗业务-数据源",形成科学、规范的特殊病种数据库,这将促进医院临床研究数据治理的精细化发展。

2. 医院数据采集模式的标准化

总的来说,医院信息系统的计算和存储资源相对于活动的开展而言还是捉襟见肘的,数据的采集过程会在很大程度上影响医院现有活动的运行。一方面,根据实时数据采集和临床研究应用的要求,应合理固定备份库和生产库数据同步的时间差,形成动态、连续、完整、有序的实时临床研究数据采集。另一方面,数据采集阶段并不影响医院临床信息系统的日常运作,数据的质量也不局限于医院的初始临床数据中心(Clinical Data Reserve,CDR)。

3. 为整个数据生命周期建立质量控制体系

医院在实际开展数据风险治理研究的全过程中,应通过建立医院数据质量控制体系,对数据信息采集、标准数据集模型库的定制开发、异构多源数据间的优化整合、模型的映射、数据的清洗、数据的共享、数据的分享、存储等的各个环节逐一进行有效控制,确保数据信息质量控制全面覆盖研究过程,保证数据的采集过程无遗漏、无重复，不同来源的数据之间关系映射正确。在数据治理的每个阶段，如果发现数据质量问题，应追踪数据来源，并及时处理有问题的数据，以避免重复的来源错误。

4. 制定数据分类标准和授权管理机制

《中华人民共和国数据安全法》明确规定，政府部门应加快研究建立政府大数据统一分类的收集分析、存储传输与保护管理工作制度，实施大数据资源分类、集成、利用和共享安全技术保护。数据安全、数据分类、数据分组保护至关重要。医院应探索制定临床研究数据的分类分级标准和权限管理机制，明确患者个人数据的定义，并为不同研究场景中使用的数据制定安全政策，如可披露、不可披露、可利用和不可利用。

总之，临床研究医院在建设研究平台时可以建立临床研究源数据管理平台。该平台将成为研究人员进行临床研究的重要工具，手动记录数据的情况将成为过去。通过这个平台来实现源数据电子化，可解决许多临床试验数据注册管理的技术问题。有了这个平台，电子源数据也将得以实现更直接、更准确的实时同步传输，减少了人工转录产生的错误。电子源数据实现实时统一集中传输管理还将进一步提高试验现场质量控制环节的管理效率。

5.4 落实多学科诊疗模式

临床研究医院生态系统的建设与多学科诊疗模式的建立是分不开的。《中国研究型医院建设指南》就明确指出："要坚持疾病牵引，围绕疑难复杂重症诊治，组成多学科高水平诊疗团队，实现学科资源和优势的整合，为患者提供优质高效的系统化、个性化和精准化诊疗服务。"

5.4.1 多学科诊疗模式的概念和发展

多学科诊疗（MDT）模式是指针对某一临床病症，将医院的医生集中在一起，通过定期的、现场的会议，在权衡利弊后，结合患者的病情、生理和心理以及家庭的经济状况，制订出科学、合理、规范的个性化治疗方案。MDT模式在20世纪90年代首次使用，并于1996年被纳入英国国家癌症诊治指南。今天，MDT模式不仅广泛用于肿瘤患者的治疗，也用于少数复杂疾病的综合治疗。在2018年8月，国家卫健委印发《肿瘤多学科诊疗试点工作方案（2018～2020年）》，要求开展肿瘤多学科诊疗试点工作,在全国范围内推广多学科诊疗模式。目前,多学科诊疗在我国正逐步发展和成熟,但所涉及的疾病仍以肿瘤为主。因此,临床研究医院应尽快建立并推广多学科诊疗模式。

5.4.2 多学科诊疗模式的必要性

随着医学技术的快速发展和学科的不断细分,临床细分学科普遍达到了较高的水平,但医生的临床知识面却越来越狭窄。社会经济发展和人民生活水平的提高改变了人类的疾病谱,医学模式正从以前单一的生物模式迅速转向生物-心理-社会模式,客观环境要求医生应该把患者作为一个整体系统,用全科知识来解决越来越复杂的医学问题,多学科诊疗已成为国内外专家普遍接受的诊治模式。因此,对单因素致病的研究已不足以满足当前的预防和治疗需求,多学科诊疗在临床工作中越来越重要。

此外,综合医院虽然专业优势十分明显,学科门类设置相对齐全,但至今还没有足够重视解决"全"这个问题。尤其是在临床和分级临床医学诊疗制度被确立之后,二级综合医院临床承担的主要是临床医学任务,它还应致力于进行各种特殊疾病和疑难病症的诊治,这又恰恰是单一学科不能完成的。目前,临床研究医院主要满足危重患者的诊疗需求。因此,对于临床研究医院来说,必须打破专业之间的界限,消除"围墙"和"障碍",形成"疾病治疗链",实现多学科临床协作治疗,为患者带来更加便捷、科学、高效和更为人性化的临床疾病治疗。此外,对于临床研究医院来说,MDT模式的实施对于增强医院的整体实力、提升医院的核心竞争力、提高医院的知名度、打造精品医院具有重要的战略意义。

此外,随着当前科技进步和经济的快速发展,人们对医疗服务的需求也在持续增加。在传统形式的疑难复杂病例治疗的会诊环节,门诊患者往往由相关医务人员安排不同部门的专家进行会诊,而住院患者则由相关的科室的医生会诊并直接给出意见。这个会诊流程很复杂,耽误患者的治疗时间。同时,各医生间的诊疗意见通常是互相独立的,医生之间缺乏充分的讨论和深入的沟通,难以充分整合资源和获得统一诊断意见,这容易导致患者不知所措。MDT模式的发展有助于优化医疗流程,提高治疗效率,缩短治疗时间,并通过提供"一站式"综合治疗服务来改善患者的医疗体验。

5.4.3 多学科诊疗模式的意义

多学科诊疗模式以患者为中心,以多学科协作为基础,为患者提供更合理有效的和更为方便快捷的医疗服务，提高治疗效率，最大限度地利用资源。这与现代医学发展的三个趋势是一致的，以下将分别论述。

多学科诊疗模式契合了整合医学从单一化到多元化的发展方向。单一的诊疗模式存在如下问题：单科医生一般只注重治疗，往往忽视潜在病源，难以根除病因；专业化、高科技的医疗手段会产生高额的医疗费用等，这些问题都亟待整合医学来解决。近年来，国内的大型医院纷纷推出了整合医学的试点项目。整合医学是将当前各医学领域里先进的专业知识与我国临床诊疗领域的实践工作有机地整合起来，并根据当代社会生活和环境的条件进行系统调整，使之成为一门更适合人类健康和疾病治疗的新医学体系。

多学科诊疗模式借鉴了专科化向整体化转变的集成医疗发展模式。随着医疗技术的快速发展，国内外越来越多的医疗机构倡导组建多学科协作团队，通过采用集成医疗的运营管理模式，使患者得到更好、更高效、更便捷的医疗服务，进一步改善患者的医疗体验。通过整合学科和技术资源，集成医疗以疾病类型为纽带，联合研究关键治疗技术，最终提高疾病的综合治疗水平。例如，在欧洲，心脏疾病的治疗不分内科和外科，这可以促进资源共享，为患者提供一体化的综合治疗，避免内外治疗脱节，甚至可以对急、危、险、难患者实施"杂交手术"。

多学科诊疗模式体现了从个体化到群体合作的趋势。诊疗中心制是医院整合相关临床专业资源和疾病诊断治疗的出发点。南方医科大学南方医院借鉴国内外大中医院的 MDT 模式，整合了感染科、肿瘤科、消化科、肝胆外科、介入治疗科、放疗科、病理科、影像中心、PET 中心等多个医疗专业领域的资源，组织多学科的技术力量，充分发挥多学科交叉融合的优势，建立了华南首家肝脏肿瘤中心。该中心能够根据患者肝脏肿瘤病理分期、肝脏功能和每位患者本身的情况，为每个患者提供定制化的治疗方案，从而能使院内每个肝脏肿瘤患者得到系统、规范、科学的肝癌靶向治疗。

5.4.4 落实多学科诊疗模式的具体措施

1. 完善多学科诊疗管理制度

MDT 具有扁平化、跨学科的结构和模糊的组织边界，这很容易导致团队成员之间的利益分配不均。临床研究医院需要在行政层面提供协助，以消除利益分配不均和组织激励不足的问题，确保 MDT 的持续顺利运作。因此，临床研究医院应建立一个标准化的管理体系，覆盖 MDT 运作的全过程。临床研究医院应尽快编制多学科治疗工作的详细实施方案，明确项目具体实施操作流程和标准。临床研究医院需要根据其实际情况制定 MDT 管理方法，对核心人员和其他参与人员的资格应该有明确的要求。不同工作人员的职责、行政记录和随访管理应该制度化，特别是规范讨论意见的汇总程序。此外，要重点加强对 MDT 工作的过程监控和效果评估，形成以 MDT 的会诊次数、首诊会诊率（诊断为某些疑难杂症的病例应经相应的 MDT 讨论确定治疗方案）、MDT 方案执行率等指标为核心的评估机制，引导和促进院内多学科协作治疗团队的良性竞争和共同发展。

2. 创建 MDT 评估系统

建立和完善临床研究医院 MDT 绩效评估体系，对于激励医务人员实践 MDT 具有重要意义。然而，目前我国还没有统一的 MDT 评估的标准。吴卓群等人构建的门诊 MDT 评价系统不能用于评价住院 MDT 和远程 MDT。李贤华等构建了一种涵盖组织管理、社会效益和人才培养多维度的 MDT 绩效评价体系，并被应用于上海瑞金医院 MDT 工作团队绩效评估，为我国 MDT 团队绩效评价体系的构建提供了参考。

3. 捕获 MDT 指征

MDT 旨在以特定患者的特定疾病为纽带，将全院多学科专家们召集起来，从而有效使用更多的医疗资源。因此，医院必须尽可能掌握全院所有 MDT 适用的疾病范围，逐步探索建立起层级预约制，通过会诊专家提供的一对一的初步临床健康咨询诊断评估结果来筛选患者，然后预约推进 MDT，以提高患者满意度和门诊效率。

同样重要的是，要切实避免盲目泛化 MDT 概念，严格防止少数不具备开展 MDT 服务条件的人员和科室在经济利益的驱使下滥竽充数。

4. 创建 MDT 辅助信息系统

信息系统可以为 MDT 模式的实施提供更高水平的技术支持。一项调查显示，86.2% 的医生认为需要一个信息系统来支持 MDT。例如，通过创建一个完整的信息与影像集，医生可以在统一的界面上快速访问所有临床患者的影像资料和诊断报告。通过支持 DICOM 标准，他们既可以快捷地实时管理和分享患者的影像及非影像数据。

MDT 信息化建设是要求能够快速整合所有患者医疗数据，消除现有医疗系统内的"数据孤岛"，方便专家获取全面的患者信息，从而作出准确的诊断。

此外，在有条件的地方可以建立信息资源中心，各协作组可以通过大规模调研和采集疾病信息建立健康和疾病数据库，以双向转诊、技术交流培训和医学人才培养为重要纽带，以远程 MDT 形式，不断加强交流融合和相互联系，这有利于带动区域远程诊疗水平的发展和优质资源成果的共享，最终促进区域医疗水平的提高。

5.5 搭建临床研究医院生物样本共享机制

临床研究医院应探索建立生物样本数据共享应用中心,为医生临床个性化诊疗、创新技术转型、人才培养引进等提供全面服务。生物样本共享机制还有助于发现复杂疾病的潜在病因、发病生理机制,为临床新药研制和分子诊断或治疗提供重要理论依据。

5.5.1 生物样本共享的概念和发展

经合组织将生物样本共享定义为"根据既定协议,将生物样本和样本数据的获取权从一个生物样本库转移到其他生物样本库或转移到研究人员,以达到占有或使用的目的"。为了有效满足人们对各种生物样本的海量需求,国外许多机构和科研人员在20世纪中期便开始建立大型生物样本库,供科学家使用。近几十年,生物样本库的连续发展有效推进了国际医学合作研究进程。随着我国医学的持续发展和医药卫生工作的进步,单个样本库往往无法满足这种需求,我国急需创立临床研究医院生物样本共享机制。

5.5.2 生物样本共享的现有经验

1. 生物样本库共享的网络联盟模式

生物样本库起源于18世纪的意大利。1949年George Hyatt建立了美国海军组织库。1952年R. Klen建立了Hradec-Kralove组织库。1987年,美国开始建立专门疾病样本库。1999年,英国建立了英国生物库。2001年,欧洲生物样本库(Euro bio bank)成立。在亚洲,韩国、日本和新加坡等地也建立了国家生物样本库。2008年,欧洲生物样本库和分子生物资源研究中心(BBMRI)项目筹建,现在欧洲有225个生物样本库。

国际生物样本库也呈现出了网络化趋势。目前,以欧盟和美国为代表的样本库已经走向网络化,样本分散存储在多个联盟化成员单位,而信息则统一管理,使生物资源的利用率大大提升。

国际生物样本库合作网络的发展可分为两大类。

① 独立分支架构。这种架构通常用于人类生物资源库,以"分散实体库+独

立备份库"的方式进行管理和运作。其优点是实体库分布在各个医院,便于及时储存样本,但也给样本运输带来较大困难,因为样本库通常离样本采集点较远。

② 联盟网络架构。由于运营成本巨大,独立分支架构并不适合所有的人类生物库,因此形成了另一种完全分散的"实体库+虚拟管理中心"的联盟网络架构。例如,美国国家癌症研究所(NCI)的人类组织合作网络(CHTN),在附属系统下作为一个虚拟管理中心,CHTN 管理中心可以在研究人员需要时从不同的加盟分库检索特定样本。

2. 生物样本库共享的法律法规建设

冰岛、瑞典、英国和爱沙尼亚等欧洲国家已经制定了相关法律和法规。冰岛在法律上要求建立一个集中的生物样本数据库。瑞典通过立法,规定了样本库的登记和分类制度。英国已经建立了一个伦理和监管框架,在样本采集、信息保密和数据安全方面对英国生物样本库进行管理。

3. 生物样本库共享的标准规范建设

国际生物样本库是根据适当的国际或国家标准进行认证的,这不仅保证了样本的质量,也使用户能够放心地使用它们,典型标准如表 5.1 所示。

表 5.1 生物样本库的典型标准

管理标准	通过标准的国家或地区
ISO9001:2000 质量管理体系国际标准	英国 UK biobank,新加坡样本库
ISO17025:2005 实验室认可服务的国际标准	瑞典 KI biobank
ISO15189:2007 医学实验室认可服务的国际标准	结合医学实验室服务的生物样本库
ISO27001:2005IS 信息安全管理体系国际标准	英国 UK biobank
NFS96-900:2008 法国国家标准	60 多家法国生物样本库通过了认证

5.5.3 典型生物样本库

目前,大多数国家的生物样本库往往以下属样本库的形式存在,以下将分别讲述。

1. 美国:癌症研究所生物样本资源和生物样本研究办公室

生物样本资源和生物样本研究办公室(OBBR)由美国癌症研究所(NCI)于 2005 年正式批准成立,用以指导、协调由其资助的肿瘤样本库和样本资源。目前,OBBR 的资助项目主要包括建立国家生物样本库研究网络(BRN)、生物样本库预分析变量计划(BPV)、建立国家肿瘤生物样本库网络(CAHUB)等。其中,BRN 运营着生物样本数据库(BRD)和年度论坛,汇编了关于收集、储存和处理基于生物样本的科学研究文献,为类似领域的样本收集和使用提供指导,为生物样本资源共享和研究合作提供互动和交流的机会。

2. 泛欧生物样本库和生物分子资源研究设施(BBMRI-ERIC)

2008年,欧盟委员会提出成立泛欧生物样本库和生物分子资源研究设施(BBMRI),以解决泛欧地区生物样本库建设和管理中缺乏协调和分散的问题。2013年12月6日,BBMRI被批准加入欧洲研究基础设施联盟(ERIC),正式更名为BBMRI-ERIC。成员国各自建立了一个"国家节点",与主网站平台相连,从而整合了各个国家的数据。这个"国家节点"汇总和整合了国内标准化的生物样本资源,并与主平台相连,以实现资源信息的互调,促进共享。

为了更好地利用和分享欧洲的生物样本资源,欧洲还建立了生物样本库信息共享最小数据集(MIABIS)以协调和规范不同国家的生物样本,该数据集有效地整合了数据。此外,为了可以更好地整合不同机构的生物样本库,BBMRI-ERIC还开发了生物医学样本桥梁服务机制(BIOMEDBRIDGE),该服务主要以MIABIS为技术基础,可以通过一定的规则将其扩展应用到全世界不同的国家以及不同专业机构的样本。

EXPERTCENTRES样本专家中心是由BBMRI-ERIC在其成员国建立的一个非营利组织,旨在协调生物样本库和公司之间的联系,并促进公共资源向市场价值的转化。EXPERTCENTRES还可以协助样本的国际使用,若一个国家对实体生物样本的进口或出口有严格的规定,则EXPERTCENTRES可以提供服务,将所有实体样本转换成研究数据,从而实现生物样本的高速调用。

BBMRI-ERIC主要的公共服务领域是伦理、法律和社会服务(ELSI),它负责协调处理涉及生物样本跨界使用中的一些伦理、法律及社会问题。它将纳入资源库平台的国家生物样本数据整合成一个可搜索的抽象目录,该目录可为研究人员提供生物库的样本数量、样本类型、采样人群范围以及相关联系方式。

5.5.4 搭建临床研究医院生物样本共享机制的要领

1. 建构生物样本库资源开放共享网络

针对我国临床研究领域生物样本库分散、难以共享的问题,应研究建立一个生物样本库资源开放共享网络,逐步纳入更多的生物样本库,从而改变我国生物样本库孤立、封闭的现状。

共享网络可以考虑仿照BBMRI-ERIC的模式,建立一个分布式的组织结构,设立联合协调工作办公室,负责协调全国范围内生物样本库资源。该办公室也可以下设各级和各类生物样本库共享中心,成立按健康问题分类的共享中心以及按地域分类的区域共享中心,最终形成能够基本覆盖各类健康问题的多中心共享网络。

2. 制定生物样本库建设标准

生物样本库的标准化是实现资源共享的必要基础。生物样本库的标准化应包括样本库建设的标准化和数据的标准化,要求项目申请和参与单位建设起自己的特色生物样本库。而数据的标准化可以直接参考欧洲,其已经建立了MIABIS,使各国收集的各种生物样本实现标准化。MIABIS整合并统一规范了各国不同生物样本库采集样本的数据属性,给出了标准属性术语及其定义描述,使加入此平台数据库的所有生物样本具有统一的、标准化的数据采集规范,便于高效整合和使用。为了整合不同来源的生物样本,BBMRI-ERIC创建了BIOMEDBRIDGE,它以MIABIS为基础,可以按照一定的规则整合来自不同国家不同机构的样本。

目前,我国在建立生物样本库标准上,应制定关于生物样本库建设的标准指导性规范,制定行业标准和国家标准。在此基础上,医疗卫生机构、科研机构和高校也应成为调查对象,调查应在不同层次和不同类别中进行。摸清各地现有且主要仍由国家财政予以支持的生物样本库,组织分析评估各类生物样本库,对其中不符合规范的生物样本库及时进行评估、指导及改造,包括生物样本库的基础设施、数据信息和技术公共应用平台系统建设,争取尽早将更多现有的优质生物样本库全部纳入开放共享范围。

3. 建立统一的生物样本库信息系统

共享生物样本库的一个重要条件是建立统一的生物样本库信息系统(BIS),与临床试验数据库互通有无,以确保生物样本信息的完整性,提高科学研究的价值。应与生物样本库系统互相开放接口的有:门诊及住院管理系统(HIS)、检验信息系统(LIS)、影像归档与传输系统(PACS)。

共享生物信息平台的建设要基于生物样本库的公共关系。建立生物样本库涉及样本的所有者(受试者)、样本持有者和样本管理者以及需要使用生物样本进行研究的用户,这些研究为公众带来了社会和经济效益。因此,生物样本库的建设情况应向社会公开,其资源信息必须保证在满足一定条件下公开及共享。

对于共享信息平台的建设,可以参考英国UK Biobank数据库,该数据库分为介绍、参与者、资源、科学家、数据展示、注册与申请、当前研究项目等部分。在"参与者"部分,样本提供者被告知谁在使用样本资源,正在进行什么类型的研究,以及样本提供者如何反馈信息或退出研究;在"科学家"部分,研究人员被告知数据库上的资源、如何访问这些资源以及一些相关规则;在"研究项目"部分,所有UK Biobank批准的研究都被详细列出,包括课题、机构和研究摘要。

我国已建成的生物样本库目前主要是供各项目组内部使用。在进一步了解国内外生物样本库资源及其分布规律和可开发利用现状的基础上,我国应该逐步建立各级生物样本资源协同共享信息中心,最终形成由多中心支持的公共信息平台网络。

4. 形成共建共享共赢机制

要使生物样本资源持有者都愿意加入共享网络,需要有良好长效的利益共享协调机制和开放共享平台。生物样本库的维护和运营需要大量资金,而且很难从国家获得持续稳定的支持,若所有的生物样本库都是免费访问的,会导致生物样本库的关闭甚至废用。我国应借鉴国际经验,在详细了解国内样本库建设和使用情况的基础上,制定符合国情的生物样本资源利益分享制度。《波恩准则》提出了货币和非货币两种利益分享方式,《世界人类基因组与人权宣言》的实施细则也要求对相关各方进行各种形式的补偿,包括货币补偿。我国应允许生物样本库的运营者向使用者收取一定的费用。从生物资源共享制度和相关知识产权司法保护的角度来看,我们应借鉴美国 NCI 和欧洲 BBMRI 等国际经验,要求在申请专利、发表论文和相关成果时强制注明来源。生物样本库根据所提供的生物样本数量规模和来源质量来共享知识产权。国家机构也同样要设计完善考核约束评估机制,将项目开放或资源共享效果作为综合评价机制的一部分,并将其纳入机构评估、基地建设、项目过程管理等环节,同时严格执行相应奖惩制度。作为一种社会资源,生物样本库平台的创建者也应更加积极地与公众互动,主动利用公众平台等新方式广泛宣传,强调平台资源的公益性,加深社会对生物样本库的理解,获得公众的支持。

5.6 构建临床研究网络体系

临床研究医院必须要着眼于解决我国医学领域存在的技术难点问题,做疑难病症的终结者。为了实现这一目标,必须整合各方医疗资源,以临床研究医院为重点,以国家临床医学研究中心为主体,再加上省市县级医疗机构,形成纵向的临床研究网络,同时整合专科发展较好的医疗机构,形成横向的临床研究网络。

5.6.1 我国临床研究发展现状和问题分析

1. 我国临床研究开展现状

当前我国临床研究环境正在不断改善,研究者发起临床研究的积极性也在不断提高,但我国临床研究总量和研究质量均有待进一步提升。两大临床研究注册网站(www.clinicaltrial.gov 和 www.chictr.org.cn)的数据显示,近几年我国的IST医药企业发起的药物临床试验项目及 IIT 研究者发起的临床研究项目数均显著增加,但我国在高水平期刊上发表的临床研究文章和部分国家相比仍然存在差距,Ⅰ期临床试验及国际多中心临床试验数量有待提升。

自2012年起,我国卫生部开始谋划布局建设研究型医院牵头的国家级临床研究网络体系。国家临床医学研究中心是根据我国临床需求并按重大疾病领域规划建立的、由国内多层级研究型医疗机构合作组成的、全方位开展医疗临床研究的创新型国家科技研究基地。其组织网络与组织协作采用"中心—核心单位—网络单位"的形式,即由国家中心负责编制总体规划、核心单位牵头、网络单位具体负责组织打造科研平台;也有部分中心以疾病专科的形式组建联盟,建立疾病队列和生物样本库。

2. 我国临床研究问题分析

临床研究是以疾病预防、诊断、治疗、康复与服务等为主要研究内容,以患者为主要研究对象,以医疗机构为主要研究基地,由国内相关部门多学科专家等共同参与研究、组织与实施的活动。长期以来,我国临床研究工作普遍存在"重复分散"问题和"孤岛化"问题。

当前我国医学临床中进行防、诊、治工作采用的各种学术规范和医疗技术标准等都是基于西方国家人群研究证据发展而来的,缺乏我国人群中的安全性和有效性评估,因而迫切需要开展适合我国的高质量、大人群、长期持续深入的临床研究,逐步摸索总结出一系列更适合我国临床疾病特点且安全有效的医学疾病防、诊、治规范,筑起我国临床诊疗循证医学基石,支撑临床诊疗的安全性和有效性。

2012年起,科技部逐步启动建设临床医学研究中心,取得了不小的进步,但还存在着一些问题:

① 研究对象的招募、随访和全程管理未能高效、高质量实施。
② 研究操作规范严重缺失,研究过程质控不严,难以保证研究质量。
③ 研究伦理管理有待重视加强,受试者安全保障能力应进一步提升。
④ 缺乏架构、完善的研究信息管理系统,未能充分实现研究管理和研究过程的信息化管理。
⑤ 生物样本库规范化管理薄弱,样本库质量和重复利用率亟需提升。
⑥ 研究成果转化利用环节薄弱,需要有平台体系和监管制度的强有力支撑。

5.6.2 国际临床研究的特点

当前国际上高质量的临床研究工作具有科学的设计、严格有效的质控、大规模的人群、长期的跟踪研究,由多中心等共同合作参与完成,具有科研技术难度高、资金需求量大、质控困难、管理协调工作量较大等特点。国际主流研究模式是指通过组织搭建国家临床研究网络,有效集成全国研究网络资源、规范研究过程。其特点如下:

(1) 架构多层级临床研究网络。世界典型国家多通过架构国家临床研究网络,有效地整合资源,提高研究的科学性,加速研究进程和研究成果转化,最终有效地提高临床研究效率和质量。国际典型临床研究网络有英国国家临床研究网络联盟、加拿大临床研究联盟网络等。总体特点概括如下:

① 临床研究网络整合的资源极为丰富,囊括了大量国家研究机构、慈善组织、学会、社会团体、企业、医疗机构、社区等。

② 临床研究网络顶层功能为整合资源、控制质量,下面的各级网络单元承担具体的工作。

(2) 依托临床研究网络,整合资源,实施安全高效的临床研究。

(3) 重视临床研究伦理管理和研究人才培训。

(4) 采用信息管理系统,实现研究过程和研究管理的计算机网络信息化。

(5) 加强生物样本库质量规范化和管理,建立样本保存和共享管理机制。

(6) 鼓励建立完善转化医学平台,促进临床研究应用转化。

5.6.3 构建我国临床研究网络的建议

1. 国家临床研究网络主体

国家临床研究网络的主体应包括国务院管理部门、各级医疗机构、第三方质控和评价机构等。

2. 国家临床研究网络层次结构

国家临床研究网络联盟为三级网络,自上而下分别为国家临床研究中心、区域临床研究中心和临床研究单元(见图5.2)。

(1) 国家临床研究中心

国家临床研究中心是国家临床研究网络的最高核心单位,挂靠地为国家级临床医学研究机构,可直接由国家相关行政管理部门和国家级医学临床研究机构联合组成。

(2) 区域临床研究中心

区域临床研究中心按照地区或者临床学科区分,可分为地区型临床研究中心和学科型临床研究中心两种。区域临床研究中心在国家临床研究中心制定的标准和规范下牵头实施临床研究工作。区域临床研究中心接受国家临床研究中心的指导、管理和监督,负责对下设的临床研究单元进行指导、管理和监督,并在国家临床研究中心和临床研究单元之间起到纽带和桥梁作用。

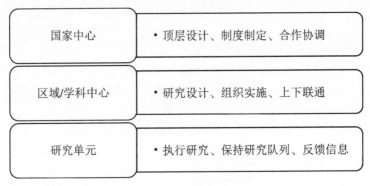

图 5.2 临床研究网络架构

(3) 临床研究单元

临床研究单元一般主要由执行临床研究的各级医疗机构、工作站或临床社区站点等联合组成,直接接受区域临床研究中心的技术指导、管理规范和考核监督,配合相关部门开展日常监管工作。

3. 各级临床研究网络主体的功能定位与职责

(1) 国家临床研究中心

国家临床研究中心功能主要定位于:顶层设计、制度制定、资源整合、协调关系等。负责临床研究网络的专业战略研究咨询服务、临床技术转化评价、仲裁项目管理等有关工作;协调各部门重大利益关系等;统筹开展高层次国际科研合作研究交流工作,提高我国临床研究的国际化水平;建立相关信息网络平台,负责相关技术团队和相关研究教学基地实验室的资质认证,提高临床研究过程信息化管理能力和学术资源、成果共享能力;设立创新人才引进培育项目或开展相关培训,促进我国临床研究人员和管理人员素质的提高,并努力营造创新型研究文化等。

(2) 区域临床研究中心

区域临床研究中心功能职责定位具体为:组织开展区域性临床重点研究、开展研究过程管理、上下联通。具体包括相关研究过程一体化管理;管理本中心负责的临床研究信息资源数据及相关生物样本资源;为所有临床研究单元的临床研究专家和管理人员提供服务等。

(3) 临床研究单元

临床研究单元的功能定位主要为执行相关临床研究。临床研究单元依托自己所能够掌握的临床资源,申请参与相关的临床研究工作。

因此,临床研究医院最重要的任务是在自主创新的基础上产生新的医学理念、新的技术和新的成果,解决疑难杂症,为实施国家创新战略作出重要贡献。通过临床基础研究、临床技术研究、科研成果转化的技术创新,以科研带动临床治疗,以创新技术解决疑难复杂疾病的诊断和治疗。因此,临床研究医院应从科研入手,注重科研能力和科研水平,与时俱进地发展和创新,加大科研力度,搭建临床研究平台,着力攻克疑难杂症,为临床研究网络体系打造科研基地。

4. 建设临床研究中心的具体措施

(1) 建立科技创新政策平台

在建设临床研究中心的实践中,科技政策是持续推动各类科技活动向前发展的强大动力,起着统筹协调和激励带动的决定性作用。构建医疗科技政策平台,需要医院以创新能力为核心,通过政策制度改革创新推动临床科技管理制度创新,通过创新科技政策和营造医院创新环境,为一线科研临床人员提供更为良好有效的技术创新工作平台,充分挖掘调动医疗人员的积极性,提升临床技术创新管理能力。

首先,在研究制订医院技术创新发展与中长期布局规划目标时,临床研究医院应始终坚持"科技兴院"的理念,将创新理念融入具体政策,坚持"质量、科教、人才"的总方针,寻求技术创新、综合创新和原产地的创新。

其次,政策应以新技术为导向,将研究重点放在高新技术和新方法的引进和开发上,鼓励符合临床需要的研究项目,重点解决医疗诊断和治疗过程中的关键问题。

再次,临床研究医院的医疗科研与政策平台建设还必须强调以人为本,制定出能激励医疗人员开展创新性实践的制度,鼓励医务人员创新思维,鼓励医生探索有利于促进临床诊断工作和诊断治疗研究的新技术、新模式,激发医学科研人员开拓创新内在动力。同时,引入"竞争激励"人才机制,完善员工激励制度,待遇将向创新拔尖人才倾斜,让大家认识到只要敢于尝试,就能让自己的价值得到体现,并得到相应的回报。

最后是研究建立知识产权科技工作者奖惩考评制度,完善科技知识产权登记保护机制和科学技术成果专利转让审批制度,加大奖励宣传力度,提高全体科研人员发明创造的积极性。临床研究医院应建立开放的科技创新体系,扩大与国内外医院、科研院所、大学的合作,促进科研工作的多元化发展。同时,要出台鼓励引进多种形式资金的政策,建立多元化的资金体系,加大科技研发的投入,对引进资金的单位给予奖励,并配套资金。

(2) 改善研究和创新条件

随着现代前沿科技的快速发展,科研工作的物质保障要求越来越高,依靠自给自足的方式开展科研活动已不能满足医学科研工作的需要。因此,只有加强各部门之间的沟通与合作,共享资源,才能确保研究工作的顺利进行。科学研究工作的物质条件主要包括实验室仪器和设备、实验试剂和消耗品以及实验动物。过去,独立的研究小组是以部门为单位组织的,小组之间没有资源共享,这造成了人员、空间和仪器设备的严重浪费。创建临床研究中心,可以通过搭建统一的国家科研项目仪器设备配置平台,对所有仪器设备实行集中统一地管理监督和调配,对现有国家大型科研仪器设备也实行集中专业化管理,这样不仅可以大幅减少实验室设备的重复购买率,而且有利于全面提高临床实验室的科研水平。其次,实验试剂和耗材的管理和采购要公开,根据采购项目的实际情况决定是否集中采购,或将采购权下放给实验室负责人。

科学研究活动的开展离不开信息的支持。随着科技的发展,信息从纸质资源转向电子资源,网络信息资源成为科研人员获取前沿信息的主要渠道。医院要适应发展的要求,改变图书馆的功能定位,大力开展图书馆建设,主动为科研人员提供信息采集、筛选、研究、监测等服务,为科研工作提供丰富、便捷、先进的信息平台。

(3) 获得社会资源

医院不是专门的科研单位,其科研资源和能力有限,难以满足日益增长的科研需求。因此,要充分利用院外社会资源,通过资源共享建立开放的科研协作体系,创造医院与社会的科研双赢局面,解决医院科技需求大、科研资源不足的问题,努力开创医学科研协作的新局面。医院应充分利用社会公共资源,通过引进投资、资源共享、科研合作、技术外包等方式,建设临床研究中心。医院应充分利用公共科技资源,医院的研究活动不应局限于自身的资源,还应该走出去,在社会资源的支持下开展研究活动。

医院应引进优质社会资源,通过引资、融资、租赁等方式与社会相关机构合作。这些合作模式使医院能够获得社会资金,共享仪器,节省研究经费。医院科研人员可以考虑通过开展与高校、企业、科研院所等的强强联合,引进更先进实用的临床医疗技术手段和高层次人才,在全面整合专家优势的基础上深化本院科研人才培养工作,提高本院科技人员的科研水平。同时,医院与生物医药企业进行科技合作交流也有利于促进医院科技成果转化。

5.7 本章小结

建设临床研究医院生态系统是一项系统性工程,既要在日常研发、诊疗活动中坚持以患者为中心的临床试验模式和多学科诊疗模式,让患者和各方专家积极参与整个临床研究,又要积极向外拓展,促进医学公共资源开放共享,最终目标是构建一体化、多层次、全覆盖的国家综合临床研究网络。长此以往,我国的临床研究事业才能实现高质量发展,不断增进人民健康福祉,为实现中华民族伟大复兴的中国梦打下坚实健康基础。

参 考 文 献

[1] 严辉文."患者"与"病人"的名实之辩[EB/OL].(2017-01-10).https://www.sohu.com/a/123896239_566700.

[2] 景钦华,安秋月.护理学基础[M].北京:清华大学出版社,2006.

[3] 万林,施素华,孔悦,等.危重患者院内转运的研究进展[J].中华护理杂志,2016,51(8):975-978.

[4] 高健,华小雪,徐军.急危重症患者院内转运共识[J].中国急救医学,2017,37(6):481-485.

[5] 赵伟英,Brendan G,陈三妹,等.危重患者安全转运的研究现状和展望[J].中华急诊医学杂志,2013,22(2):219-221.

[6] Papson J P, Russell K L, Taylor D M. Unexpected events during the intrahospital transport of critically ill patients[J]. Acad Emerg Med, 2007, 14(6):574-547.

[7] 李睿灵,乐思逸,吴伊凡,等.临终关怀国内外研究进展[J].护理研究,2021,35(23):4230-4234.

[8] 吴晶,周膺.中国临终关怀的制度性优化[J].理论与改革,2018(4):164-175.

[9] 王魁.医院概论[M].合肥:中国科学技术大学出版社,2020.

[10] 甄橙.人体试验在中国[J].中国中医基础医学杂志,2002,8(2):76-79.

[11] 邵颖.我国药物临床试验的科学发展史与期望[J].中国临床药理学杂志,2008,24(2):180-186.

[12] 阮未艾,姚峥嵘,王艳翚,等.拓展性临床试验制度的中国实践及探索:以同情用药为视角[J].中国现代应用药学,2021,38(18):2273-2277.

[13] 薛晓,王岳.美国药品尝试权立法的历史沿革及思考[J].中国药房,2019,30(18):2455-2460.

[14] 姚峥嵘,阮未艾,王艳翚,等.拓展性临床试验制度的国际现状及对我国的启示[J].中国药房,2021,32(14):1665-1670.

[15] 孙宇昕,魏芬芳,冯霄婵,等.美国临床试验用药物扩大使用制度沿革与发展[J].中国新药杂志,2017,26(16):1880-1886.

[16] 葛章志.美国尝试权法案对临床试验用药物扩大使用制度的新发展[J].中国新药杂志,2021,30(2):97-104.

[17] 杜玉开,徐勇.《"健康中国2030"规划纲要》指标解析[M].北京:人民卫生出版社,2018.

[18] 首都健康.北京市计划启动"研究型病房"项目,提升首都健康保障水平[EB/OL].(2019-10-

28). https://www.toutiao.com/article/6752785287526482446/? wid=1656868590218.

[19] 中工网.大健康产业迎来"全民需求时代"[EB/OL].(2021-12-14).http://www.worker-cn.cn/34179/202112/14/211214093444001.shtml.

[20] 李林,蒋义,曹秀堂,等.美国研究型医院:NIH临床中心[J].中国医院,2016,(12):78-80.

[21] 栗美娜,丁陶,俞文雅,等.转化医学机构的组织构架管理研究[J].中国卫生质量管理,2015,22(4):90-92.

[22] 美通社.高博昌平国际研究型医院成为北京自贸区首批签约项目[EB/OL].(2020-09-24).https://www.prnasia.com/story/292804-1.shtml.

[23] 博鳌乐城国际医疗旅游先行区.政策法规[EB/OL].(2019-09-25).http://www.lecityhn.com/#/list_049b1afed7ee44c9892f9c483c292072.

[24] 北京市人民政府.北京市人民政府办公厅关于印发《北京市加快医药健康协同创新行动计划(2018—2020年)》的通知[EB/OL].(2018-09-28).http://www.beijing.gov.cn/zhengce/zhengcefagui/201905/t20190522_61555.html.

[25] 中国科学院.中国科学院在皖设立临床研究医院[EB/OL].(2019-10-18).https://www.cas.cn/cm/201910/t20191018_4720611.shtml.

[26] 北京市人民政府.北京市人民政府办公厅关于印发《北京市加快医药健康协同创新行动计划(2021—2023年)》的通知[EB/O]L.(2021-07-22).http://www.beijing.gov.cn/zhengce/zhengcefagui/202107/t20210722_2446806.html.

[27] 王美霞,李义庭.我国药物临床试验知情同意政策的变迁:从2003版与2020版GCP的对比说起[J].医学与哲学,2020,41(15):12-19.

[28] 孟祥菌.我国人体临床试验受试者知情同意权的法律保护[J].人权,2022(1):150-167.

[29] 葛永彬,董剑平,余凯迪.远程临床试验法律法规综述[J].中国食品药品监管,2020(12):78-91.

[30] 吴瑶,吴维娟,张庆,等.智能化临床研究中美法规环境对比分析[J].中国食品药品监管,2020(11):117-124.

[31] 谢泓怡,刘佳举,罗刚.我国"同情用药"法律制度之完善的研究:以《拓展性同情使用临床试验用药物管理办法(征求意见稿)》为对象[J].医学与法学,2022,14(1):78-83.

[32] 杨悦.新型冠状病毒肺炎疫情下拓展性临床试验制度实施层面的关键问题[J].临床药物治疗杂志,2020,18(3):6-10.

[33] 郭术廷,王安婷,林峰,等.医疗器械拓展性临床试验法规比较分析[J].中国食品药品监管,2020(6):34-42.

[34] 姜一,梁莉.美国临床研究利益冲突管理对象的细化与协调[J].医学与哲学,2018,39(2):24-26.

[35] 董江萍,张象麟,孙利华.FDA创新性药品审批管理动力性政策研究与分析[J].中国医药工业杂志,2007(5):393-400.

[36] 孙同波,尹梅,张雪,等.法律视域下药物临床试验受试者的权益保护[J].中国医院管理,2016,36(4):73-74.

[37] 杨开浩,李燕.患者权利的法律保障研究[J].中国卫生法制,2020,28(4):13-17.

[38] 韩晓晓,刘迅,崇雨田,等.临床研究中慢性病患者数据隐私和安全保护的伦理共识[J].现代医院,2021,21(6):898-902,906.

[39] 张咸伟.《赫尔辛基宣言》涉及人类受试者医学研究伦理原则的解读[J].中华疼痛学杂志,2020(2):96-101.

[40] 张馨心,刘锦钰,杨婕,等.人体药物临床试验受试者合法权益保护法律问题研究[J].中国卫生法制,2019,27(3):8-11.

[41] 赵励彦,侯宇.受试者对于研究补偿的观点调查[J].医学与哲学,2017,38(9):34-35,51.

[42] 邵蓉,张玥,魏巍.药物临床研究受试者知情同意权法律保护之探析[J].上海医药,2011,32(8):409-412.

[43] 刘丹,周吉银.临床科研项目受试者隐私保护的伦理审查[J].中国医学伦理学,2021,34(10):1306-1310.

[44] 丛骆骆,张娟,刘伟.国内外临床试验用药品监管政策对比研究[J].临床药物治疗杂志,2015,13(6):71-76.

[45] 王俪霏,肖杨,宋民宪.药物临床试验伦理委员会职责和法律地位探析[J].中药与临床,2015,6(4):29-33.

[46] 周吉银,李红英.新型冠状病毒肺炎疫情下拓展性临床试验的伦理审查挑战[J].中国医学伦理学,2020,33(6):677-683.

[47] 高玉玲.医患法律关系的性质:医疗纠纷解决的法律依据[J].中国卫生事业管理,2004(10):615-617.

[48] 国家食品药品监督管理总局,国家卫生和计划生育委员会.医疗器械临床试验机构条件和备案管理办法[EB/OL].(2017-11-24). https://www.nmpa.gov.cn/directory/web/nmpa/xxgk/ggtg/qtggtg/20171124123401917.html.

[49] 国家药品监督管理局,国家卫生健康委员会.药物临床试验机构管理规定[EB/OL].(2019-11-29). https://www.nmpa.gov.cn/xxgk/ggtg/qtggtg/20191129174401214.html.

[50] 丁正磊,丛骆骆,吴彬.药物临床试验机构监管常见问题及对策研究[J].中国药事,2018,32(3):299-304.

[51] 中华人民共和国中央人民政府.国务院关于印发《"十三五"深化医药卫生体制改革规划》的通知[EB/OL].(2017-01-09). http://www.gov.cn/zhengce/content/2017-01-09/content_5158053.htm.

[52] 国家药品监督管理局,国家卫生健康委员会.国家药监 国家卫健委关于发布《药物临床试验质量管理规范》的公告[EB/OL].(2020-04-23). https://www.nmpa.gov.cn/zhuanti/ypzhcglbf/ypzhcglbfzhcwj/20200426162401243.html.

[53] 国家食品药品监督管理总局,国家卫生和计划生育委员会.医疗器械临床试验质量管理规范[EB/OL].(2016-03-23). https://www.nmpa.gov.cn/directory/web/nmpa/xxgk/fgwj/bmgzh/20160323141701747.html.

[54] 上海市科学技术委员会,上海保监局.关于推进生物医药人体临床试验责任保险和生物医药产品责任保险试点工作的通知[EB/OL].(2018-07-04). http://stcsm.sh.gov.cn/zwgk/tzgs/zhtz/20180704/0016-150552.html.

[55] 医电园.当尝试权法案遇上现实,如何进退[EB/OL].(2016-06-21).http://www.med361.com/article-3724.html.

[56] 李创维,郭洪波,张屹立.基于政策工具的临床研究政策量化分析[J].医学与社会,2020,33(9):25-29.

[57] 骆胜男,周世虹.我国临床用药安全的法律规制探析[J].锦州医科大学学报(社会科学版),2019,17(6):40-43.

[58] 张留雨.医疗侵权责任中过错要件的认定:以药物临床试验中医方告知义务的违反为视角[J].法制与社会,2014(31):74-76.

[59] 刘建利.医疗人工智能临床应用的法律挑战及应对[J].东方法学,2019(5):133-139.

[60] 罗浩,张靖,熊益亮,等.中医临床路径化的法律风险及对策[J].中国医院管理,2017,37(7):54-55.

[61] 田剑波.医学临床试验中受试者法律保护的现状与完善[J].医学与法学,2017,9(4):36-40.

[62] 孙子雯,徐海东.电子病历在临床研究中存在问题研究[J].社区医学杂志,2015,13(21):68-69.

[63] 宋华琳,刘炫.药物可及性与安全性的衡量:美国临床试验药物拓展使用法律制度评介[J].财经法学,2020(6):112-126.

[64] Asadi A B, Mahmoudi G, Yazdani C J. Exploring health-care providers understanding and experiences of providing patient-centered care in hospitalized patients based on patient's bill of rights: A qualitative study[J]. Journal of Nursing and Midwifery Sciences, 2022, 9(1).

[65] 张敏.药物临床试验研究者利益冲突问题研究[J].药物流行病学杂志,2014,23(1):5-8.

[66] 李为,郭敏,刘秀兰,等.116例不合理用药相关医疗损害案例分析[J].中国药师,2022(3):490-493.

[67] 张建莹,何强.我国医学人体试验伦理审查问题研究[J].中国卫生产业,2016(7):66-68.

[68] 俞立平,周朦朦,苏光耀.中国科研诚信政策的演化特征研究:基于1981-2020年的政策文本分析[J].情报科学,2022(5):51-58,64.

[69] 史兆新.科研诚信论[D].南京:南京师范大学,2020.

[70] 张维,邹仲敏,汪勤俭,等.生物医学论文典型学术造假图片辨析及防范措施探讨[J].编辑学报,2021(3):280-284.

[71] 汪勤俭,吴培红,冷怀明.科研论文定稿后署名更改现象的分析与思考[J].中国科技期刊研究,2013(5):924-926.

[72] 王宁宁,游苏宁,刘红霞,等.科技期刊论文"同等贡献"作者署名井喷现象分析及对策[J].编辑学报,2022(3):249-253.

[73] 邬加佳,余菁,吴秋玲,等.科技期刊论文不当署名的特征分析及风险防范[J].编辑学报,2021(3):292-296.

[74] 艾勇琦,严金海.医学论文署名不实现象的伦理审思与对策[J].医学与哲学,2020(20):36-40.

[75] 王利宾.滥用科研经费刑法规制的经济分析[J].山东警察学院学报,2018(6):27-32.
[76] 狄小华.高校科研经费使用的腐败行为分析及防治[J].犯罪与改造研究,2021(5):9-17.
[77] 岳丹琪,王雁菊,郭晓曦.公立医院管理模式中的伦理缺失及其原因分析[J].中国医学伦理学,2017(1):101-104.
[78] 杜萍,邱影悦,王璐颖,等.医院管理伦理原则探讨[J].解放军医院管理杂志,2021(7):659-660,664.
[79] 李智锋.从人体试验知情同意伦理审查谈目前伦理审查存在的问题与解决策略[J].中国医学伦理学,2017(3):331-335.
[80] 廖绮霞,赖永洪,刘俊荣.临床研究项目伦理审查中的知情同意问题[J].医学与哲学,2021(19):34-37,44.
[81] 黄思语,何萍.患者及家属对知情同意书内容的调查分析[J].中国病案,2016(9):40-42.
[82] 杨旭丽,伍姗姗,刘星,等.患者知情告知缺陷调研分析[J].中国病案,2022(2):10-13.
[83] 黄樱硕,张子龙,吴小芳,等.药物临床试验受试者隐私保护的有关伦理问题及其研究进展[J].中国医学伦理学,2020(9):1046-1052.
[84] 单芳,桑爱民,薛琴,等.生物样本库研究的隐私保护问题及伦理反思[J].中国卫生事业管理,2020(1):43-46.
[85] 李雪迎,王熙诚,沙若琪,等.临床研究数据安全等级划分的初步探索[J].中国循证医学杂志,2021(5):525-531.
[86] 广东省药学会.药物临床试验受试者隐私保护·广东共识[J].今日药学,2020(12):807-814.
[87] 刘治利.临床试验中方案偏离的伦理问题研究[D].大连:大连医科大学,2021.
[88] 曹伟,王丹平.药物临床试验中不依从/违背方案的伦理审查情况分析[J].中国新药杂志,2019(11):1355-1359.
[89] 李树,赵氚,成程,等.临床试验中违背方案问题的分析与建议[J].中国医学伦理学,2021(2):211-215.
[90] 任茜,马忠英,翟小虎,等.浅谈医院药物临床试验的质量管理[J].中国药师,2018(8):1453-1455.
[91] 李丰杉,冯仕银,陈卓,等.生物等效性试验受试者招募困境与解决方法探讨[J].中国医学伦理学,2020(5):575-578,582.
[92] 陈旻,李红英.实例解析受试者招募中的伦理问题[J].中国医学伦理学,2016(4):645-648.
[93] 张勇,杨宏昕,罗璇.药物临床试验伦理审查争论焦点及对策[J].中华中医药杂志,2019(9):3908-3912.
[94] 孙莹,蔡秋晗,李瑞本,等.生物等效性试验受试者招募影响因素的定性访谈研究[J].现代药物与临床,2022(2):387-390.
[95] 亢列梅,杜秀杰,荆树蓉,等.开放科学和科研评价改革背景下我国学术期刊同行评议的改革趋向[J].编辑学报,2021(6):615-619.
[96] 袁军,张利军,戴伟,等.国际视角下我国国立科研院所治理模式"去行政化"改革研究[J].

科技促进发展,2018(5):338-344.

[97] 宋艳辉,朱李,邱均平."破五唯"背景下我国科研评价体系构建的几点思考[J].情报杂志,2022(2):190-197.

[98] 詹媛.申报阶段就造假,学术如何"正衣冠"[N].光明日报,2021-12-29.

[99] 丁魁礼,张碧晖,陈丰任.科研不端行为的惩罚强度研究[J].科学学研究,2021(8):1345-1353.

[100] 温虹,贾利帅.我国高校科研诚信政策研究:基于政策工具的视角[J].中国高教研究,2021(4):48-54.

[101] 张永利,薛彦华,苏国安.现状·问题·建议:我国高校科研诚信法律规制研究[J].大学,2022(4):184-188.

[102] 王霁霞,尹嘉希.科研不端行为处理程序研究:兼评《科研诚信案件调查处理规则(试行)》[J].科技进步与对策,2022(1):141-149.

[103] 鞠艳凤.法律介入科研诚信规制的必要性及立法完善[J].大连大学学报,2019(5):109-112,137.

[104] 任相阁,任相颖,李绪辉,等.医疗领域人工智能应用的研究进展[J].世界科学技术-中医药现代化,2022(2):762-770.

[105] 王国豫,黄斌.论大数据技术对知情同意的挑战[J].自然辩证法研究,2020(4):61-66.

[106] 王郁文.论人工智能在医疗器械行业应用中产生的伦理挑战及对策分析[J].电子元器件与信息技术,2022(1):223-225.

[107] 李红英,王亮良,周吉银.论我国器官捐献与移植伦理委员会能力建设[J].实用器官移植电子杂志,2022:4-7,106.

[108] 张玲,黄开淑,张文权.两次移植提高反复种植失败患者临床妊娠率的研究进展[J].中国保健营养,2016(10):1-2.

[109] 刘欢.人类辅助生殖技术的伦理考量与法律治理[J].经贸法律评论,2022(1):38-53.

[110] 黎欣盈,张念樵,钟筱华,等.人类辅助生殖技术应用的伦理问题及工作实践[J].中国医学伦理学,2021(7):856-860.

[111] 张岩松,陈丽娇,张婷,等.基因治疗的研究进展[J].中国细胞生物学学报,2020(10):1858-1869.

[112] 徐美轩.生物大数据下人体基因信息的保护境遇及应对:以生物样本库为切入点[J].科学学研究,2022,40(6):975-982,1084.

[113] 丁美超,房龙梅,宁超,等.关于基因技术应用中的伦理问题思考[J].中国医学伦理学,2015(2):187-189.

[114] 张伟,向良成,王海平,等.基因治疗伦理审查的若干问题探讨[J].中国医学伦理学,2015(2):184-186.

[115] 唐寰瑶,张洪江.人类胚胎干细胞临床试验责任伦理探究[J].医学与哲学,2015(3):29-32.

[116] 陈睿.中国科学家对人类胚胎干细胞研究伦理规范的认知和态度:基于访谈的研究[J].自然辩证法通讯,2020(7):108-115.

[117] 范月蕾,王慧媛,姚远,等.趋势观察:生命科学领域伦理治理现状与趋势[J].中国科学院院刊,2021(11):1381-1387.

[118] 中国医院协会医学伦理办公室.中国医院医学伦理审查建设宁波共识[J].中国医院,2019(2):6.

[119] 田静,陈桂淑,蒋文虎.药物临床试验伦理审查方法之探讨[J].中华医学会医学伦理学分会第十九届学术年会暨医学伦理学国际论坛论文集,2017:815-816.

[120] 王诗鸿,沙莉莉,周吉银.我国生殖医学伦理委员会的困境及对策[J].中国医学伦理学,2020(3):334-340.

[121] 杨惠颖,田喜慧.采供血工作伦理问题认知度调查分析[J].北京医学,2016(2):168-170.

[122] 曹树军,张东海,刚君,等.医疗技术专门伦理委员会的建立与必要性[J].中国现代医生,2021(27):157-160.

[123] 左旭,李悦,黄樱硕,等.临床试验中电子知情和电子支付伦理审查经验与趋势探讨[J].中国医学伦理学,2021(11):1453-1458.

[124] 王俪霏,肖杨,宋民宪.药物临床试验伦理委员会职责和法律地位探析[J].中药与临床,2016(4):29-33.

[125] 满洪杰.我国生物医学研究伦理审查组织立法的检讨与重构[J].上海政法学院学报(法治论丛),2021(2):97-104.

[126] 王宏斌,王樱儒.法律视角下的医学伦理委员会制度之完善[J].医学与哲学,2017(9):31-33.

[127] 刘庆春,宋丽霞,刘海峰.从医院等级评审谈医院伦理委员会建设[J].中国医院管理,2014(12):63-64.

[128] 周吉银,邓璠,刘丹,等.我国医学伦理委员会存在的问题及建议[J].中国临床药理学杂志,2017(4):365-368.

[129] 王翠,杨媛媛,张轩,等.山西省地市级医院伦理委员会建设实证研究[J].中国医学伦理学,2022(2):190-194.

[130] 王艳桥,何燕,罗晓琼,等.临床研究伦理审查体系中伦理委员会设置的探讨[J].中国医学伦理学,2015(6):916-918.

[131] 高燕,顾加栋,徐道波.构建伦理委员会利益冲突回避制度的几点思考[J].南京医科大学学报(社会科学版),2021(5):435-438.

[132] 王海臣,王彩霞,李实.药物临床试验伦理审查存在的问题及对策研究[J].中国医院管理,2015(12):75-76.

[133] 杨舒珺.论医药学人体试验中知情同意的伦理审查[J].中国医学伦理学,2020(12):1475-1479.

[134] 孟丽君,李义庭.北京地区三级医疗机构涉及人的生物医学研究伦理审查现况研究[J].中国医学伦理学,2021(6):735-740.

[135] 耿雯倩,任静,祝延红,等.临床试验中招募广告的伦理审查与规范管理[J].中国医学伦理学,2018(3):332-334.

[136] 李维国,董成,于浩天.研究型医院管理创新发展的思考[J].中国研究型医院,2016,3

(1):52-56.
- [137] 李庆瑜,张惠琴,方浩明,等.以目标管理为核心的公立医院绩效考核制度建设探究[J].办公室业务,2021(13):61-62.
- [138] 孙晓军.推行综合目标管理加强医院内涵建设[J].中国科技信息,2009(8):2.
- [139] 熊寅,张澈,熊奎.推进GCP工作,丰富医院管理内涵[J].中国继续医学教育,2016,8(5):16-18.
- [140] 黄小小.综合性医院高层次人才引进工作的探讨[J].医院管理论坛,2009,27(5):59-61.
- [141] 杨坤.我国研究型医院的建设策略研究[D].北京:中国人民解放军军事医学科学院,2016.
- [142] 姚军,高天.中国研究型医院理论解读之七:研究型医院的人才培养[J].中国研究型医院,2016,3(2):54-65.
- [143] 曹烨,赖乐.药物临床试验受试者招募·广东共识(2016年)[J].今日药学,2016,26(5):289-290.
- [144] 广东省药学会.药物临床试验受试者隐私保护·广东共识[J].今日药学,2020,30(12):807-814.
- [145] 曹烨,唐蕾,刘孟斌,等.药物临床试验受试者损害处理·广东共识(2020年)[J].今日药学,2020,30(7):433-441.
- [146] 贾夏怡.MAH制度下药品不良反应损害救济体系构建[D].广州:广东药科大学,2020.
- [147] 曹烨.哈佛医学院DF/HCC临床研究管理介绍:临床研究项目的"全流程"管理[J].中国新药杂志,2015,24(10):1096-1099.
- [148] 赵浩如.现代中草药国际市场准入技术[M].北京:化学工业出版社,2006.
- [149] 孙枫原,王俊男,程志远,等.美国先进临床研究管理模式的介绍及启示[J].转化医学杂志,2019,8(1):29-32.
- [150] 张俊华,孙鑫,李幼平,等.循证中医药学的现在和未来[J].中国循证医学杂志,2019,19(5):515-520.
- [151] 张嵬,应峻.临床研究数据管理策略[J].复旦学报(医学版),2017,44(1):122-126.
- [152] 董冲亚,姚晨,高嵩,等.加强医院临床研究源数据管理,提高我国临床研究数据质量[J].中国循证医学杂志,2019,19(11):1255-1261.
- [153] 曹烨,周立萍,徐仿周,等.药物临床试验源数据管理·广东共识(2018)[J].今日药学,2018,28(12):793-798+823.
- [154] 刘金永,李子玥.药物临床试验过程中试验用药品管理的实践体会[J].中国药物评价,2020,37(5):391-393.
- [155] 广东省药学会.药物临床试验药物管理·广东共识(2020年)[J].今日药学,2020,30(12):822-825.
- [156] 刘金永,李子玥.药物临床试验过程中试验用药品管理的实践体会[J].中国药物评价,2020,37(5):391-393.
- [157] 蔡佳莺,范明霞,谢黎崖,等.PDCA循环法在药物临床试验中试验用药品管理的应用[J].临床合理用药杂,2016,20:163-164.

[158] 刘小保,李淑敏,李坤艳.基于提高临床试验质量的医院临床试验管理信息系统的建立与应用[J].2022,41(3):146-150.

[159] 潘阿香,谢琼,沈亮,等.医院临床试验项目全流程管理体系构建[J].医疗装备,2019,32(14):19-20.

[160] 韩敬,杨旭.医疗大数据在医院信息化管理中的挑战探讨[J].中国总会计师,2021(8):172-174.

[161] 刘纬华,张红梅,白文辉,等.研究型医院护理学科建设评估指标体系的构建[J].护理学报,2022,29(6):20-25.

[162] 张冬梅,王明晓.美国磁性医院认证及对我国研究型医院建设的启示[J].中国研究型医院,2022,9(2):65-67.

[163] 章益民,陈俊春,马金笛,等.高校附属医院临床医师在加快医学教育创新发展中的定位与思考[J].中国高等医学教育,2022(4):1-2.

[164] 蔡慧,胡龙军,丁明明,等.基于三级综合医院病种特点的临床路径管理[J].中国卫生质量管理,2022,29(3):30-32..

[165] 马瑜,嵇承栋,许畅,等.产学研体系下医院专利研发与转化[J].解放军医院管理杂志,2018,25(7):619-623.

[166] 武洋,徐治立.清华大学"产学研医"校企协同创新案例分析[J].科学管理研究,2021,39(1):28-32.

[167] 介入医学产业技术创新联盟.搭建产学研医协同平台 助力介入医学创新发展[J].中国科技产业,2019(8):18-19.

[168] 蒋向利.产学研医深度融合 助力健康中国建设:记2018生物科技与转化医学国际高峰论坛[J].中国科技产业,2018(8):46-49.

[169] 北京华炎血管疾病诊疗产业技术创新战略联盟.搭建产学研医协同创新平台 促进国际血管诊疗技术提升:第28届国际血管联盟世界大会暨第十四届中国首都血管论坛侧记[J].中国科技产业,2018(12):18-20.

[170] 刘诗莹.疫后医院国际交流合作思与探[J].中国医院院长,2021,17(12):66-67.

[171] 杨帆,崔永强,陆烨鑫.中医院国际交流合作实践与思考[J].中国医院,2022,26(1):83-85.

[172] 刘晋,汪秀琴,叶玮,等.国际合作背景下医联体临床研究人才培育路径及效果初探[J].中国卫生事业管理,2020,37(12):939-942.

[173] 王梦怡.国际交流与合作对医院人才队伍建设的积极影响[J].人力资源,2021(10):12-13.

[174] 管婧博,骆大胜.新时代对提升医院国际合作管理人员能力与素质的新要求[J].人人健康,2019(18):278.

[175] 吴丽娟,缪丽亚,车永茂.国际交流合作中医院人才队伍建设的探索与思考[J].江苏卫生事业管理,2019,30(4):434-435.

[176] 扈彩霞,刘鑫.国际合作视域下的医疗文化软实力提升研究[J].产业创新研究,2021(20):85-87.

[177] 傅一弘,付青.加强外事合作 助力医院发展[J].中国现代医生,2022,60(7):164-167.
[178] 吴佼玥,李筱永.公立医院对外合作的法律风险及对策研究[J].中国医院管理,2022,42(2):72-76.
[179] 朱超颖,武刚,毕琼琼,等.医院国际合作交流的SWOT分析及对策[J].江苏卫生事业管理,2021,32(4):532-534.
[180] 于文旺.谈大数据时代医院档案信息化建设[J].黑龙江档案,2022(1):233-235.
[181] 王建斌,梁进元,刘蕊,等.公立医院信息化大数据的成本管理对策[J].现代企业,2022(4):28-29.
[182] 王能才,王玉珍,张海英,等.基于人工智能的医疗大数据中心设计与构建[J].中国医学装备,2022,19(2):1-5.
[183] 郭尚志,章光裕,唐玉玲.基于机器学习的医疗大数据分析与临床应用[J].电脑知识与技术,2022,18(12):17-18.
[184] 裴莹蕾,王娅.构建区域医疗大数据治理体系的实践探索[J].卫生经济研究,2022,39(4):71-74,78.
[185] 王玉花.医院临床数据中心的构建思路分析[J].电子元器件与信息技术,2022,6(4):75-78,83.
[186] 向波,郑代坤.区域健康医疗大数据创新平台的设计[J].数字技术与应用,2022,40(5):163-165.
[187] 庞震,刘洋,胡广域,等.医疗机构门诊数据管理研究[J].现代医药卫生,2022,38(5):884-887.
[188] 张文龙.医院科研大数据平台建设与应用[J].安徽科技,2022(4):37-39.
[189] 吴来阳.研究型医院建设指南及评价指标体系研讨会议纪要[J].中国研究型医院,2022,9(2):73-75.
[190] 邹晓琦,余纳,戴奇山,等.综合医院多学科诊疗工作实践与思考[J].现代医药卫生,2022,38(11):1965-1968.
[191] 王延军.研究型医院建设和发展需要深化探讨的几个问题[J].中国研究型医院,2022,9(1):27-31.
[192] 郝婧灿,吴楠,贾茜,等.综合医院多学科诊疗实践与探索[J].现代医院管理,2022,20(1):31-33.
[193] 张潇文,朱晓雷,刘鸿鸣,等.多学科诊疗团队模式下的肺癌诊疗一体化[J].中国胸心血管外科临床杂志,2022,29(7):806-811.
[194] 盛守琴,陈礼文,余海燕,等.基于SWOT分析的高校附属医院临床教师队伍建设研究[J].安徽医专学报,2022,21(2):4-6.
[195] 葛剑力,龚玮琦,滕丽莉,等.全科医生视角下多学科诊疗模式探索[J].中国初级卫生保健,2022,36(3):117-119.
[196] 王瑞平,施鹏,李俊,等.上海市级医院临床研究中心建设现状及临床研究者的服务需求分析[J].世界临床药物,2021,42(9):779-784,814.
[197] 毛一晴,康定鼎,张博文,等.国内外多学科团队诊疗模式研究进展[J].中国医院,2022,

26(3):18-21.

[198] 刘峙雅,葛瑞钦,徐庆华.我国生物样本库的研究进展[J].现代医药卫生,2021,37(5):759-763.

[199] 高雅洁,程芸,陈瑞安,等.生物样本库研究状况及发展探讨[J].医学信息学杂志,2021,42(6):43-47.

[200] 蒋兆强,靳明英,谢小萍,等.国外生物样本库大数据伦理管理的现状及启示[J].医学与哲学,2021,42(11):23-28.

[201] 赵小燕,裴宇盛,高华,等.生物安全样本库的发展、应用现状与探讨[J].中国医药生物技术,2021,16(4):378-382.

[202] 郭强,凌鸿,杨军,等.多中心生物样本资源共享与应用平台建设探索[J].医学信息学杂志,2021,42(3):59-64.

[203] 蔡莉,张玉霞.科技创新引领下医院生物样本库可持续发展问题探讨[J].科技管理研究,2022,42(6):83-88.

[204] 朱晓燕,王旭,陶莹,等.上海市专科医院临床研究人才队伍建设存在的问题及对策研究[J].上海预防医学,2021,33(12):1209-1214.

[205] 王顿,张翔,孙珊,等.医院临床研究中心建设经验与思考:以上海市某三级甲等专科医院为例[J].中华医学科研管理杂志,2021,34(6):477-480.

[206] 周小明,杨锐,于梦非,等.山东省临床医学研究中心建设现状以及对策研究[J].中华医学科研管理杂志,2022,35(2):156-160.

[207] 陈勇,彭思意,刘小保,等.肿瘤专科医院Ⅰ期临床研究病房的建设与实践[J].护理学报,2022,29(5):32-36.